中学

マンガで楽しく 100%丸暗記 古文・漢文

受験研究社

本書の特色と使い方

本書は古文の文法・漢文の訓読《くんどく》ルールなどの知識事項《じこう》や、よく出る古文・漢文の作品の概要《がいよう》などをマンガで楽しく学ぶことができます。

本文で省略されている言葉

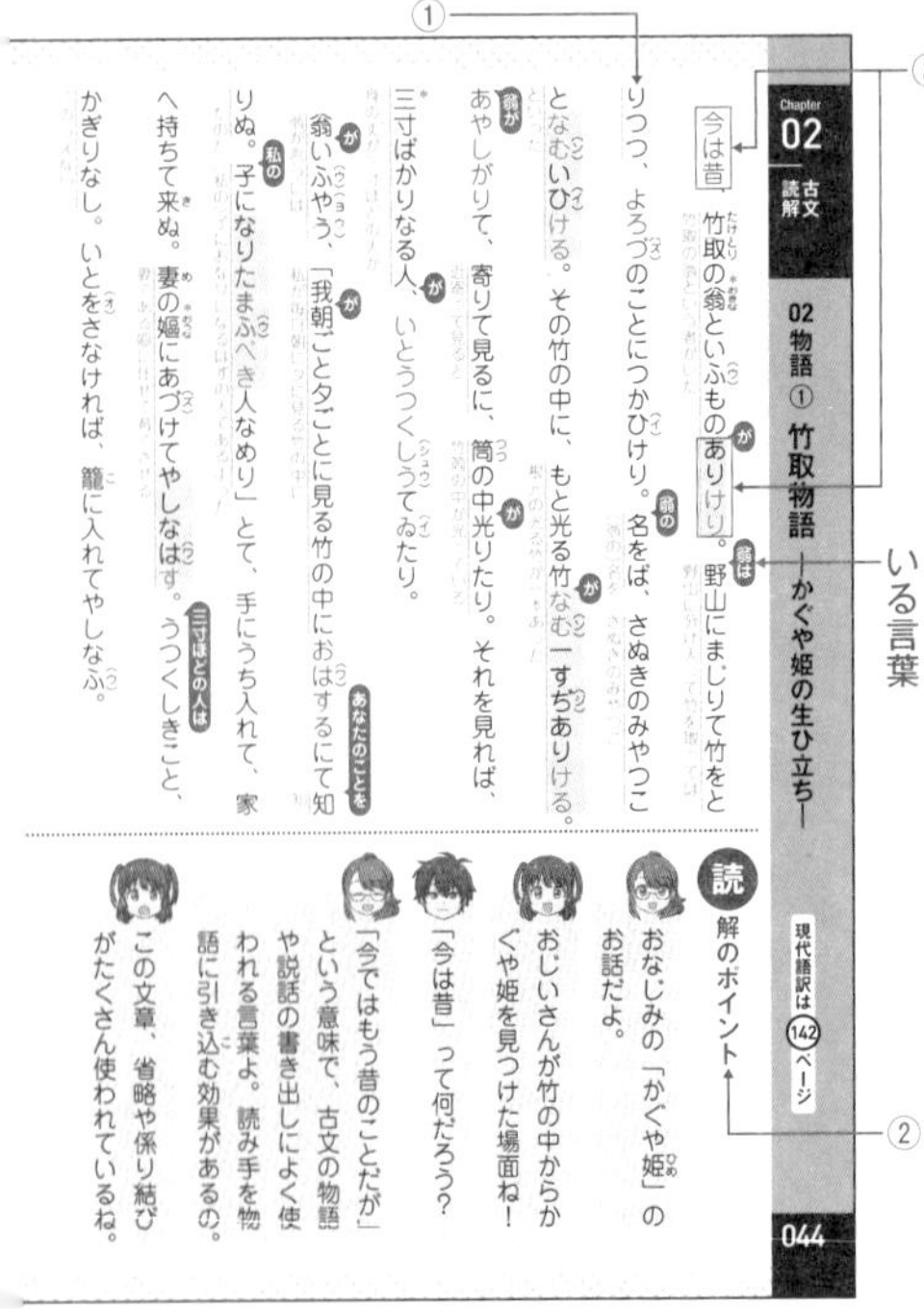

■マンガ

最初にマンガで学習する内容をおさえましょう。

■コラム

時代背景や人物、有名な作品などを解説。古文・漢文の理解を深められます。

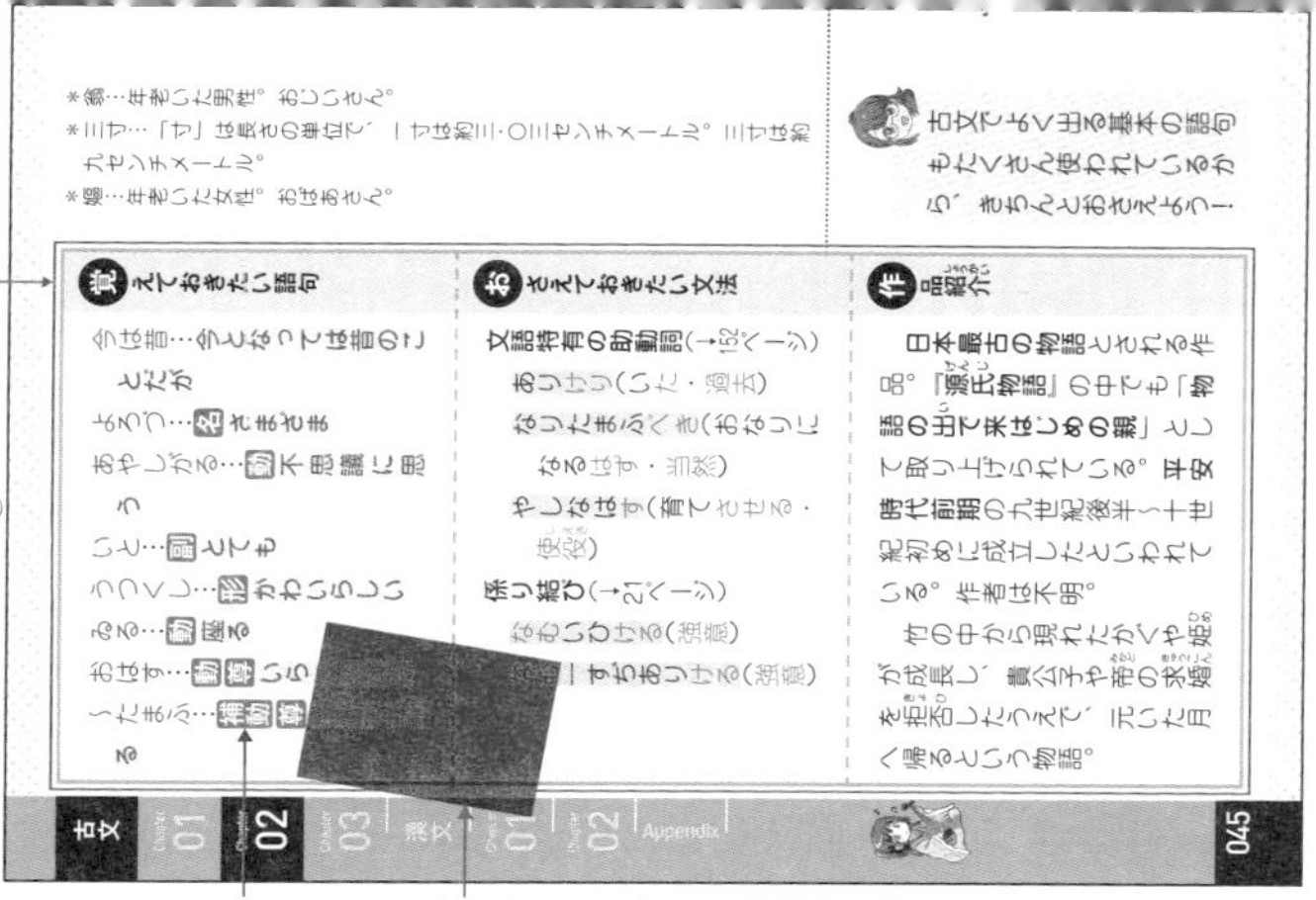
③
＊翁…年老いた男性。おじいさん。
＊三寸…「寸」は長さの単位で、一寸は約三・〇三センチメートル。三寸は約九センチメートル。
＊嫗…年老いた女性。おばあさん。
古文でよく出る基本の語句もたくさん使われているから、きちんとおさえよう！
覚えておきたい語句
今は昔…今となっては昔のことだが
よろづ…名さまざま
あやしがる…動不思議に思う
いと…副とても
うつくし…形かわいらしい
ゐる…動座る
おはす…動尊いら
～たまふ…補動尊
る
おさえておきたい文法
文語特有の助動詞(→152ページ)
ありけり(いた・過去)
なりたまふべき(おなりになるはず・当然)
やしなはす(育てさせる・使役《しえき》)
係り結び(→21ページ)
なむいひける(強意)
一すぢありける(強意)
作品紹介《しょうかい》
日本最古の物語とされる作品。『源氏《げんじ》物語』の中でも「物語の出《い》で来はじめの親」として取り上げられている。平安時代前期の九世紀後半～十世紀初めに成立したといわれている。作者は不明。
竹の中から現れたかぐや姫《ひめ》が成長し、貴公子や帝《みかど》の求婚《きゅうこん》を拒否《きょひ》したうえで、元いた月へ帰るという物語。
古文
Chapter 01
Chapter 02
Chapter 03
漢文
Chapter 01
Chapter 02
Appendix
045
④

消えるフィルターで赤文字が消えます！

① マンガで紹介《しょうかい》した古文・漢文を掲載《けいさい》。
② 作品を読むときのポイントをキャラクターたちが解説。
③ 重要な語句・文法、作品の成り立ちを紹介。
④ **名**＝名詞、**代名**＝代名詞、**動**＝動詞、**補動**＝補助動詞、**形**＝形容詞、**形動**＝形容動詞、**副**＝副詞、**連体**＝連体詞、**感**＝感動詞、**接**＝接続詞、**助**＝助詞、**助動**＝助動詞、**尊**＝尊敬語、**謙**＝謙譲語、**丁**＝丁寧語

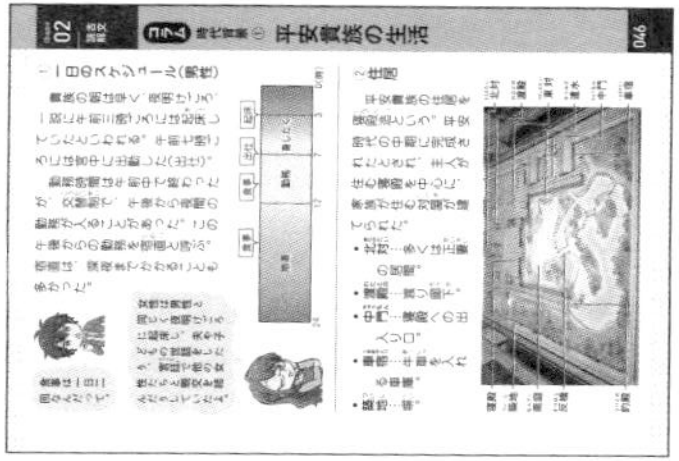
02
コラム 時代背景① 平安貴族の生活
046

巻末資料

古文・漢文の現代語訳や、動詞の活用表など知識事項を掲載。

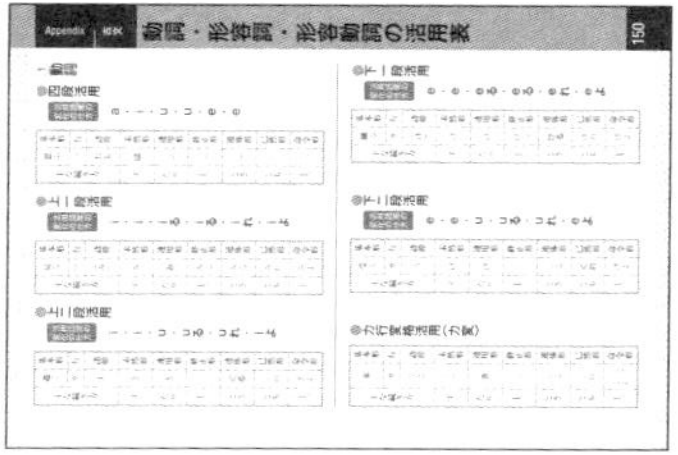
Appendix 古文
動詞・形容詞・形容動詞の活用表
150

目次

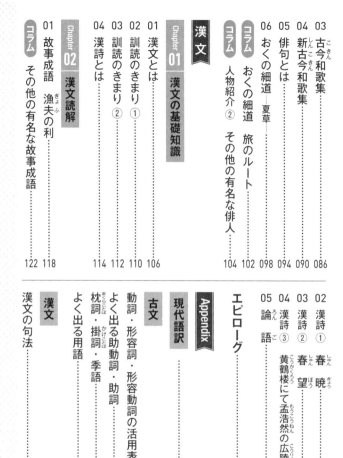

加《か》持《じ》大和《やまと》（14）
中学二年生。
サッカー部所属。
ゲームや音楽が好き。
文章を読むことに苦手意識がある。
特に古典は苦手。

大宮《おおみや》　茜《あかね》（14）
大和の幼なじみ。
八重とはいとこ。
恋愛《れんあい》トークやイケメンアイドルが好き。
最近は歴史系恋愛ゲームにハマっている。

吉野八重《よしのやえ》（28）
カフェ「かぎろひ《イ》」の店長。茜のいとこ。
古典作品にちなんだ料理を作っては、ニヤニヤしながら写真を撮《と》っている。

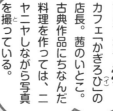

ここの問題は正答率が高かったな
間違《まちが》えた人はしっかり覚え直すように
はー
また赤点だよ…
加持《かじ》 大和《やまと》
もともと古典は得意じゃないけど
まずいな
中2になってから目に見えて他の子と差が開いてる
せめて平均点は取りたい——!
ず——ん
あれ?大和じゃん

茜!
サッカー部の練習は?
…ない
え?
フイッ
大宮《おおみや》 茜《あかね》
その…成績がアレだから……
ぽかん
家で勉強しろって言われて…って
ぱぁあ!
何でそんなうれしそうなの!?
いやぁ~ちょうどよかった
何が!?
ぐぐぐ
ちょっとついてきて!
えっホント何!?

古典カフェ？
古典Cafe
かぎろひ
OPEN
うん
いとこが新しく始めたんだ
古典好きだから勉強教えてもらおうと思っ・・・
ガチャッ
パシャ
パシャ
パシャ
パシャ
吉野《よしの》 八重《やえ》
いい！
とてもいい！
ハァ ハァ
あとはコレをSNSに上げ
て…
やっほー

なるほど
コトッ
古典オタクの私に古典を教わりたいと
さっきはお見苦しいところを…
うん ちょっと文法でつまずいちゃって
わかったわ 大和君も？
ギクッ
俺《おれ》は無理矢理連れてこられただけなんだけどな…
でも
…はい
これはチャンスかもしれない！
ガタッ
俺も古典できるようになりたいです！

古文

せっかくだし何か食べていかない？
サービスしてあげる
やった！
－お品書き－
いまやうプレート ¥1,000
かうぶりパイ ¥800
何頼《たの》もうかな～
…って
－お品書き－
いまやうプレート ¥1,000
和食プレートです
かうぶりパイ ¥800
－甘味《かんみ》－
いにしへプリン ¥30
日本庭園をイメージした
え!?
いまやう…かうぶり…？
何コレ
おいしそ～
古語…つまり古文の言葉からメニューの名前を取っているの

よくわからない言葉ばっかり出てくるから
古文イヤになっちゃうんだよな…
あら
だってなじみのない言葉ばっかりだしさ
「あけぼの」とか
「をかし」とか
確かに古文って江戸時代までに書かれた文章だから
現代の文章とは違《ちが》うところがいろいろとあるよね
古文と現代文を比べると、おおまかに四つの違いがあるわ
ん？
どんな違い？
一つ目は仮名遣《かなづか》い
あはれ
↓あわれ
けふ
↓きょう
こういう古文の仮名遣いのことを**歴史的仮名遣い**というよ
じゃあこの店の名前は…
「カギロイ」って読むよ

二つ目は言葉ね
いと→とても
をかし→趣《おもむき》深い
年《とし》ごろ→長年
今では使われない言葉も多いから難しく感じちゃうかも
現代の言葉と似ていると思ったら 意味が全然違うことがあるよねえ…
ややこしい
三つ目は文法
ありけり 助動詞
うつくしうて 形容詞
竹なむありける 係り結び
文語文法とか**古典文法**っていうよ
文法がいちばんわかんない!!
四つ目は省略
翁《おきな》が あやしがりて寄りて見るに
筒《つつ》の中 が 光りたり。
特に、「誰《だれ》が何をする」の**「誰が」(=主語)を省略することが多い**の
今も主語を省いて話すこと多いよね
うんうん

それにしても こんなに現代の 文章と違うなんて…
キラーン
そうね でも
古文の内容って 結構共感できる ことが多いのよ
だから基本的なルールを おさえて文章を 読めるようになれば
作品の世界に どっぷり つかれるわよ!!
お、おお…
私があなたたちを 古典マスターに してみせるから ついてきて!
あ、あのさ 八重ちゃん
おなか 空いたから 先にごはん 食べたいな♡
もー、しょうが ないなあ

02 歴史的仮名遣い

古文で使われる仮名遣《かなづか》いのことを、歴史的仮名遣いという。現代で一般《いっぱん》に使われる仮名遣いは、現代仮名遣いという。

歴史的仮名遣い	現代仮名遣い	例
語中・語尾《ごび》の は・ひ・ふ・へ・ほ	わ・い・う・え・お	いはひ→いわい（祝い） おふ→おう（追う） おほし→おおし（多し）
ゐ・ゑ・を（助詞以外）	い・え・お	まゐる→まいる（参る） をかし→おかし
母音《ぼいん》が連続する音 →au・iu・eu・ou	ô・yû・yô・ô	さう〔sau〕ぞく→そう〔sô〕ぞく（装束） じふ〔jiu〕ごや →じゅう〔jyû〕ごや（十五夜） けふ〔keu〕→きょう〔kyô〕（今日）
ぢ・づ	じ・ず	けぢめ→けじめ しづかなり→しずかなり（静かなり）
語中の む	ん	梅咲《さ》かなむ→梅咲かなん
くわ・ぐわ	か・が	くわし→かし（菓子） ぐわんじつ→がんじつ（元日）

助詞の「は」や「へ」は、現代仮名遣いと同じく「わ」「え」と読むよ。
「ゐ・ゑ」は、現代仮名遣いでは使わない字だね。

03 古文で使われる言葉

☆古文で使われる言葉のことを古語という。古語には、現代では使われない語や、現代語と似ているが、異なる意味を持つ語がある。

①現代では使われない語

語	意味	語	意味
いと	とても・たいへん	すずろなり	わけもなく・やたらに・思いがけない
いみじ	はなはだしい・すばらしい	ひねもす	一日中
いらふ	返事する・答える	ほいなし	残念だ・不本意だ
かたはらいたし	気の毒だ・苦々しい・きまりが悪い	ゆかし	見たい・知りたい・聞きたい・心がひかれる
げに	本当に・なるほど	わろし	よくない・見栄《みば》えがしない・好ましくない
さうざうし	物足りない・寂《さび》しい	をかし	趣《おもむき》深い・興味深い

古文でよく使われる語の例だよ。覚えておこう！

03 古文で使われる言葉

②現代語とは異なる意味を持つ語

語	意味	語	意味
あからさまなり	ほんのちょっと・一時的に・急だ	すさまじ	興ざめだ・殺風景だ
あさまし	驚《おどろ》くばかりだ・興ざめだ・見苦しい	としごろ	長年の間・数年来
あそび	詩歌や管弦《かんげん》などを楽しむこと	なかなか	中途半端《ちゅうとはんぱ》に・かえって
ありがたし	めったにない・優《すぐ》れている	ながむ	物思いにふける・ぼんやり見る・見渡《みわた》す
いとほし	気の毒だ・いじらしい・かわいい	はしたなし	中途半端だ・きまりが悪い
うつくし	かわいらしい・立派だ	むつかし	不快だ・面倒《めんどう》だ
おどろく	目が覚める・はっと気づく・驚く	めづらし	すばらしい・めったにない・目新しい
かなし ①愛し	いとおしい・かわいい	ゐる ①居る	座る・とどまる
かなし ②悲《かな》し 哀し	切ない・かわいそうだ	ゐる ②率る	引き連れる

現代語と語の形は似ているけれど、異なる意味を持つ語の例だよ。よく出てくるから要チェック！

たとえば「あからさまだ」という語は、現代では包み隠《かく》さずに示すことをいうけれど、古語では上の表のような意味で使われるんだね。

04 古文の文法

☆古文で使われる文法を文語文法という。文語文法には、現代の文法（口語文法）とは形や用法などに異なる点がある。また、文語文法特有のきまりがある。

①**活用形の種類**

・現代語→未然形・連用形・終止形・連体形・仮定形《かてい》・命令形

・古語　→未然形・連用形・終止形・連体形・**已然形**《いぜん》・命令形

※口語の仮定形は「もしそうなったら」という仮定条件を表す。
文語の已然形は「既《すで》にそうなっている」という確定条件を表す。

②**動詞**（→150ページ）

・現代語の動詞→活用の種類が五種類。
五段活用・上一段活用・下一段活用・カ行変格活用・サ行変格活用

・古語の動詞→活用の種類が九種類。
四段活用・上一段活用・上二段活用・下一段活用・下二段活用・カ行変格活用・サ行変格活用・ナ行変格活用・ラ行変格活用

古語の活用形には仮定形がなくて、已然形があるんだね。

② **形容詞**（↓151ページ）

・現代語の形容詞↓言い切りの形が「〜い」。

例 あの花はとても**うつくしい**。

・古語の形容詞↓言い切りの形が「〜し」。

例 小さきものはみな**うつくし**。

③ **助動詞**（↓152ページ）

古語の助動詞には、現代語と異なる語がある。

意味	古語	現代語
過去	むかし、男ありけり。 ある人、仰《おお》せられき。	むかし、男がいた。 ある人がおっしゃった。
断定	月の都の人なり。	月の都の人である。
打ち消し	みな人見知らず。	全員が見知っていない。
完了	光りたり。	光っていた。
推量・意志	深き故《ゆゑ》あらむ。 そのことも申さむ。	深いわけがあるのだろう。 そのことも申しあげよう。
打ち消し推量	よも逃《の》がさじ。	まさか逃《に》がさないだろう。
打ち消し意志	再び会ふまじ。	再び会うまい。

古語の形容詞には命令形があるのも現代語と違《ちが》う点ね。

形容動詞は言い切りの形が現代語↓「〜だ」「〜です」古語↓「〜なり」「〜たり」だよ。（↓151ページ）

④係り結び（→153ページ）

☆係り結びは、**文語文法特有の係り受けのきまりである。**ふつう、文末は終止形か命令形で結ばれるが、**文中に「ぞ・なむ・や（やは）・か（かは）・こそ」の係助詞があるときには、特定の活用形に変化する。このきまりのことを係り結びという。**

例 男あり《終止形》。→ 男**なむある**。

※「あり」が連体形に変化し、「ある」となる。

男**こそあれ**。

※「あり」が已然《いぜん》形に変化し、「あれ」となる。

係助詞	意味	結び
ぞ なむ	強意	連体形
や（やは） か（かは）	疑問・反語	連体形
こそ	強意	已然形

05 言葉の省略

☆古文の大きな特徴《とくちょう》の一つに、言葉の省略が多いことが挙げられる。次の文章を読んでみよう。

かならず来《く》べき人のもとに車をやりて待つに、❶来る音すれば、さななりと、人々❷出《い》でて見るに、❶車宿り*に❸さらに引き入れて、轅《ながえ》*❷ほうとうちおろすを、❹「いかにぞ」と問へば(エ)、「今日は外《ほか》へおはし(ア)ますとて、わたりたまはず(ウ)」などうち言ひて(イ)、牛のかざり引き出でていぬる。❺

（『枕草子』第二三段「すさまじきもの」）

＊車宿り…牛車《ぎっしゃ》を入れる車庫。
＊轅…牛車の前方に長く突《つ》き出ている二本の棒。

筆者が「すさまじ（＝興ざめだ）」と思ったものについて書いた文章よ。

❶〜❺に、言葉の省略があるよ。

❶**主語の省略**…特に省略されやすいのが主語である。文章中の登場人物をつかんだり、述語に注目したりして、動作をした人物や会話をした人物をおさえることが大切になる。

例 来る音すれば　訳 （きっと来るはずの人が乗った）車（＝牛車）が、来る音がするので

車宿りにさらに引き入れて　訳　使いの者は、車庫にますます引き入れて

❷助詞の省略…主語や目的語などを表す助詞は、省略されることが多い。

例　人々出でて見るに　訳　人々が出て見ると

轅ほうと　訳　轅をぽんと

❸目的語や補語の省略…すぐ前に出てきた目的語や補語は、省略されやすい。

例　車宿りにさらに引き入れて　訳　車庫に車(=牛車)をますます引き入れて

❹体言の省略…「こと」「もの」「とき」「人」といった体言(名詞)や、体言と同じ働きをする助詞は、よく省略される。

例　轅ほうとうちおろすを　訳　轅をぽんとうちおろすのを

❺述語の省略…文脈から内容がわかる場合、省略されることがある。

例　牛のかざり引き出でていぬる。　訳　牛の装具《そうぐ》を引き出して去っていくのは興ざめだ。

※「いぬる」のあとに、「すさまじ」が省略されている。

「誰《だれ》が」の「が」や、「何を」の「を」がよく省略されるのね。

「誰が」「何を」「どうする」などに注目しながら、言葉を補って読もう。

何やってるの？
〝さよなら月夜〟！
バーン
さよなら月夜
ああ　恋愛《れんあい》ゲームね
イケメン貴族たちが次から次へと現れて　あまーいセリフをささやいてくれるの！　やっぱり推《お》しはくらもちの皇子《みこ》よね　イケメンだしお金持ちだからたくさんみついでくれるし！
私もやってるわ
竹取物語が元ネタなの
くらもちの皇子にちなんで
おー
〝蓬莱《ほうらい》の山盛りパンケーキ〟作ってみました
竹取物語はちょっと読んだよ
くらもちの皇子は蓬莱の玉の枝っていうお宝を　かぐや姫《ひめ》のために取りに行くんだよね！

でもかぐや姫は
せっかくのお宝を
受け取らなかった
よね？
困る…
どうぞ！
そこがどうしてなのか
よくわからなかったなー
それってもしかして
登場人物をうまくつかめて
なかったんじゃない？
文章の内容をとらえるときには
誰《だれ》が、いつ、どこで、何をしたか
を読み取る必要があるの
そのためには
登場人物を把握《はあく》
しないとね
それって現代の
文章を読み取る
ときにも
よく聞くような
そう！
基本は同じ
人物のほかに、
時代や時間を表す言葉とか
場所を表す言葉などを見つければ
内容が読み取りやすくなるよ
年
日にち
場所
一昨々年の二月の
十日ごろに、難波《なには》
より船に乗りて
それから、会話文を
把握することも大切ね
誰が話したことか、
をチェックするの
会話文には「　」が
ついてるから
カンタン！
ビシッ

でも古文にはもともと「 」はついてないんだって
えっ!?
教科書などに載《の》っている古文は読みやすさのために「 」をつけてあることが多いけれど
大和君が言うとおり元の古文には「 」はないの
だからもしかしたら「 」のない古文を読む機会もあるかもしれないね
ええ～ムリ～!
大丈夫! 会話文だってわかる目印となる言葉があるよ
いはく、「～」
「～」とて
「～」といふ
なるほど!
それからあとは敬語かなぁ
ガタッ
敬語!?
古語にも敬語があるの!?
キャー!!
現代語の敬語もよくわからないのに!

古典の世界では身分の上下がはっきりと表されることが多いの
帝《みかど》に
中将、…こまごまと奏《そう》す。
帝は手紙を
ひろげて御覧《ごらん》じて
…物も聞こし召《め》さず。
天皇や皇后《こうごう》など決まった相手にしか使わない敬語もあるわ
敬語がわかると 人物どうしの関係性をつかみやすくなるし
文章の内容を読み取るのにとっても役に立つというわけ
ここまでを踏《ふ》まえて竹取物語のくらもちの皇子が出る場面を読み直してみたら？
竹取物語
うん やってみる！
10分後
くらもち様～!!
え～！
なんかイメージ変わっちゃった…
どんな話だったの？
ふふっ
大和君も読んでみたら？

07 場面・出来事のとらえ方

☆文章を読み取るときには、いつ、どこで、誰《だれ》が、何をしているかといった出来事をとらえることが重要になる。

❶五日《いつかのひ》、❷天晴れ風しづ《(ズ)》かに、海上《かいしやう(ショウ)》ものどけかりければ、❸御所《ごしょ》の御《おん》舟《ふね》をはじめ参らせて、人々の舟どもみないだしつつ、雲の浪煙《なみけぶり》の波をわけ過ぎさせ給ひ《(イ)》て、❶其日《そのひ》の酉剋《とりのこく》に、❷播磨国山田《はりまのくにやまた》の浦《うら》につかせ給ふ《(ウ)》。それより御輿《おんこし》に召《め》して、❷福原《ふくはら》へいらせおは《(ワ)》します。❶六日《むゆかのひ》は❸供奉《ぐぶ》の人々、いま一日も都へとくといそがれけれども、❸新院御逗留《おんとうりう(リュウ)》あッて、❷福原のところぐ《(ドコロ)》歴覧ありけり。

(『平家物語《へいけものがたり》』巻第四「還御《かんぎょ》」)

福原に都を移していた平家一門が、高倉上皇《たかくらじょうこう》とともに、京に帰ってくるときの様子を描《えが》いた文章だよ。
「御所」や「新院」は上皇のことを指しているのね。

❶ 出来事が起こっている日にちや時間帯や季節をとらえる。

例
日にち 五日、天晴れ風しづかに　日にち 六日は供奉の人々
時間帯 其日の酉剋に

❷ 出来事が起こっている場所や、その様子をとらえる。

例
様子（天候） 天晴れ風しづかに、場所 海上も 様子 のどけかりければ
場所 播磨国山田の浦に　場所 福原へ　場所 福原のところぐ

❸ 登場人物や行動をとらえる。

例
登場人物 御所の御舟をはじめ参らせて
登場人物 供奉の人々、……行動 いそがれけれども
登場人物 新院　行動 御逗留あッて

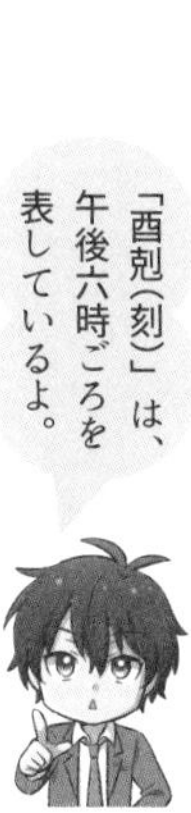
「酉剋（刻）」は、
午後六時ごろを
表しているよ。

「御所」は天皇や
上皇などの住まいの
ことで、そこに住む
人物を敬う呼び方と
しても使われるよ。

登場人物に注目して、
その人物の行動や様子を
つかもう。

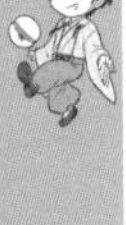

☆登場人物の思いや考えをとらえることは、文章を読み取る手助けとなる。登場人物の思いや考えは、会話文や心中会話（＝心の中で思ったこと）に表されていることが多い。

むかし、❶男ありけり。その男、身をえう《（ヨウ）》なきものに思ひ《（イ）》なして、京にはあらじ、あづ《（ズ）》まの方にすむべき国もとめに❷とてゆきけり。〈中略〉その沢《さは（ワ）》にかきつばたいとおもしろく咲《さ》きたり。それを見て、❶ある人の❷いは《（ワ）》く、かきつばた、といふ《（ウ）》五文字《いつもじ》を句のかみにすゑ《（エ）》て、旅の心をよめ❷といひ《（イ）》ければ、よめる。

（『伊勢物語《いせものがたり》』九「東下《あずまくだ》り」）

ある男が、京から関東地方へ旅立ったときの様子を描《えが》いた文章だよ。

この中に、会話文と心中会話があるの？

右の『伊勢物語』の文章には、「男」や「ある人」といった人物が出てくるね。

❶**登場人物をとらえる**…会話文の語り手や聞き手をつかむために、場面に登場する人物に注意しながら読む。

❷会話文の範囲《はんい》をとらえる…会話文は「　」をつけて示されている場合がある。しかし、**もともとの古文では、「　」は使われていない。**そこで、「と」「**とて**」といった引用の助詞や「言ふ」「**申す**」「**いはく**」のような語を手がかりにすると、どこからどこまでが会話文かをつかむことができる。心中会話の場合にも、「と」「**とて**」が使われる。

例　その男、……京にはあらじ、あづまの方にすむべき国もとめにとてゆきけり。

※「とて」の直前までが、「男」の心中会話。

ある人のいはく、かきつばた、といふ五文字を句のかみにすゑて、旅の心をよめといひければ

※「いはく」と「といひ」の間が「**ある人**」の会話文。

心中会話の場合は、「思ふ」も手がかりになるよ。

「いはく」は「言うことには」という意味で、会話文の直前によく使われるよ。

09 敬語

★古文を理解するための大きな手がかりとなるのが敬語表現である。古文では、地位や身分を表すことが重要視されるので、敬語が用いられることが多い。

(帝《みかど》は)大臣、上達部《かんだちべ》を召《め》して「いづ《(ズ)》れの山か天に近き」と問は《(ワ)》せたまふ《(ウ)》に、ある人奏《そう》す、「駿河《するが》の国にあるなる山なむ《(ン)》、この都も近く、天も近くはべる」と奏す。
(『竹取物語《たけとりものがたり》』「ふじの山」)

召して：「呼ぶ」の尊敬語
せたまふ：尊敬の助動詞＋尊敬の補助動詞
奏す：「言ふ」の謙譲語
はべる：丁寧の補助動詞
奏す：「言ふ」の謙譲語

①尊敬語の特別な動詞

敬意のない古語	尊敬の動詞	現代語訳
あり・居《を》り	おはします・おはす・いまそかり	いらっしゃる・おいでになる
言ふ	仰《おほ》す・のたまふ	おっしゃる
見る	御覧《ごらん》ず	ご覧になる
思ふ	おぼしめす・おぼす	お思いになる
来《く》・行く	おはします・おはす	いらっしゃる・おいでになる
与《あた》ふ	給《たま》ふ・賜《たま》ふ(四段)・たぶ	お与えになる

『竹取物語』の一節だよ。ここでいちばん位の高い人は帝(＝天皇)。だから、——線の敬語はすべて帝に対する敬意を表しているよ。

尊敬語で表しているのが帝の言動で、大臣・上達部の言動には謙譲語を使っているね！

食ふ・飲む	聞こし召す・召す・奉《たてまつ》る・参る	召し上がる
す	あそばす	～なさる
聞く	聞こす・聞こし召す	お聞きになる

② 謙譲《けんじょう》語の特別な動詞

敬意のない古語	謙譲の動詞	現代語訳
あり・居り	侍《はべ》り・候《さぶら》ふ	お仕えする
言ふ	申《まう》す・奏す・啓《けい》す	申し上げる
来・行く	参る・まうづ／まかづ・まかる	参上する／退出する
与ふ	参らす・参る・奉る	差し上げる
受く	給ふ・賜ふ(下二段)	いただく
す	つかうまつる	～して差し上げる
聞く	承《うけたまは》る	うかがう

③ 丁寧《ていねい》語の特別な動詞

敬意のない古語	丁寧の動詞	現代語訳
あり・居り	侍り・候ふ	あります・おります・ございます

「奏す」は天皇・上皇・法皇《ほうおう》だけに、「啓す」は皇后《こうごう》・中宮《ちゅうぐう》・皇太子などに限って使うよ。

敬語を表すときには、補助《ほじょ》動詞や尊敬の助動詞も使うよ。

八重ちゃん おやつー
ハラヘッタ
ちょっと 自分の家じゃないんだから
じゃあ "もちづきあんみつ" でも食べてもらおうかな
くるっ
葉月《はづき》限定メニューにしようと思って試作中だったの
待ってました！
そういえば「おやつ」ってなんで「おやつ」って言うんだろう？
確かに
それは昔の時刻の表し方がもとになってるの
昔は一日を十二等分していてね 今の二時間を一刻と言って
そこに十二支《じゅうにし》をあてはめていたんだ
時刻を知らせるために 一刻ごとに 太鼓《たいこ》や鐘《かね》を打っていたんだけど その回数から
子《ね》の刻を「九つ」 丑《うし》の刻を「八つ」などと呼ぶようにもなったの
23 子 1 丑 3 寅 5 卯 7 辰 9 巳 11 午 13 未 15 申 17 酉 19 戌 21 亥
ゴーン ゴーン
ハイ 鳴らして！
漏刻《ろうこく》（水時計）
現在の午後一時から午後三時にあたる未《ひつじ》の刻は「八つ」と呼ばれていて

江戸時代は八つ時に間食をとる習慣があったから間食のことを「おやつ」と呼ぶようになったと言われているんだ
へえぇ～！
ちなみに方位を表すのにも十二支が使われたんだよ
十二支大活躍《だいかつやく》！
あれ？ そういえばこのあんみつ"葉月限定メニュー"なの？
確か葉月って八月のことよね今は九月だよね？
葉月？何ソレ
月の異名《いみょう》よ
一月＝睦月《むつき》
二月＝如月《きさらぎ》
八月＝葉月《はづき》…
九月＝長月《ながつき》
一月とか二月とかの別の呼び方ね
ほへ〜〜
昔使っていた暦《こよみ》と現在の暦には、だいたいひと月くらいのズレがあるの
だから 昔の暦の八月は現在の九月にあたるのよ
現在の暦の九月には十五夜があるよね
十五夜といえば満月でしょう
満月の昔の名称《めいしょう》は望月《もちづき》
ポンッ
それで葉月限定もちづきあんみつ！

①季節と月の異名

古典の世界で使われる暦《こよみ》は、月の満ち欠けをもとにした陰暦《いんれき》（太陰太陽暦《たいいんたいようれき》）である。陰暦では一年を三百五十四日とするため、現代で使われる太陽暦と比べると、三年で約ひと月のずれが生じる。そのため、各月の季節感も現代とは異なっている。

また、月には一月、二月…とは異なる呼び方がある。この呼び方を異名という。

季節	月	異名
春	一月	睦月《むつき》
	二月	如月《きさらぎ》
	三月	弥生《やよい》
夏	四月	卯月《うづき》
	五月	皐月《さつき》
	六月	水無月《みなづき》
秋	七月	文月《ふづき》《ふみづき》
	八月	葉月《はづき》
	九月	長月《ながつき》
冬	十月	神無月《かんなづき》《かみなづき》
	十一月	霜月《しもつき》
	十二月	師走《しわす》

②月齢《げつれい》

月の満ち欠けを表す日数を月齢という。陰暦を用いていた時代には、月の形で日付を確認《かくにん》した。

日付	月の形	月の呼び名
1・30		新月・つごもり
3		三日月
8		八日月
11		十日余りの月
13		十三夜月・小望月《こもちづき》
15		望月《もちづき》・満月
16		十六夜月《いざよい》
17		立待月《たちまち》
18		居待月《いまち》
19		臥待月《ふしまち》・寝待月《ねまち》
20		更待月《ふけまち》
22		二十日余りの月

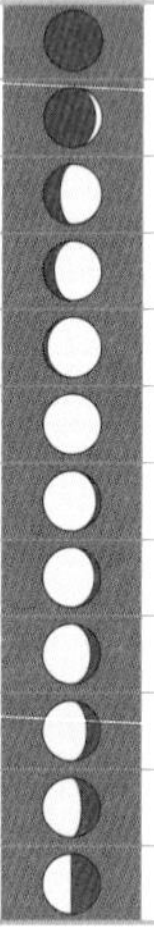

十五夜以降は月の出が遅《おそ》くなっていくので、出てくるのを立って待つ、座って待つ…という意味で立待月や居待月などと呼んだよ。

③ 十二支《じゅうにし》

古代中国で、太陽の通り道（黄道《こうどう》）を十二等分し、そこに十二の動物をあてはめたものを十二支といい、時刻や方位を表すのに用いられた。

五行《ごぎょう》	木《もく》		火《か》		土《ど》		金《こん》		水《すい》			
十干《じっかん》	木兄《きのえ》↓甲《きのえ》《コウ》	木弟《きのと》↓乙《きのと》《オツ》	火兄《ひのえ》↓丙《ひのえ》《ヘイ》	火弟《ひのと》↓丁《ひのと》《テイ》	土兄《つちのえ》↓戊《つちのえ》《ボ》	土弟《つちのと》↓己《つちのと》《キ》	金兄《かのえ》↓庚《かのえ》《コウ》	金弟《かのと》↓辛《かのと》《シン》	水兄《みずのえ》↓壬《みずのえ》《ジン》	水弟《みずのと》↓癸《みずのと》《キ》		
十二支《じゅうにし》	子《ね》（鼠《ねずみ》）	丑《うし》（牛）	寅《とら》（虎《とら》）	卯《う》（兎《うさぎ》）	辰《たつ》（竜《たつ》）	巳《み》（蛇《へび》）	午《うま》（馬）	未《ひつじ》（羊）	申《さる》（猿《さる》）	酉《とり》（鶏《にわとり》）	戌《いぬ》（犬）	亥《い》（猪《いのしし》）
干支《えと》	1 甲子《きのえね》	2 乙丑《きのとうし》	3 丙寅《ひのえとら》	4 丁卯《ひのとう》	5 戊辰《つちのえたつ》	6 己巳《つちのとみ》	7 庚午《かのえうま》	8 辛未《かのとひつじ》	9 壬申《みずのえさる》	10 癸酉《みずのととり》	11 甲戌《きのえいぬ》	12 乙亥《きのとい》	60 癸亥《みずのとい》…

万物《ばんぶつ》を構成するとされる五つの要素（五行）を陽（兄《え》）・陰《いん》（弟《と》）に分けた十干というものもあったの。
十干と十二支を組み合わせて年月や時間を表したよ。〔＝干支《えと》〕

④ 古時刻と古方位

昔の時刻は、一日を十二等分し、二時間（一刻）に十二支をあてはめて表した。さらに、一刻を四等分した。

方位を表すときにも十二支が用いられた。三百六十度を十二等分し、北を「子《ね》」として、右回りに順にあてはめた。

それにしてもたくさん古典の本があるねー
この間借りてた本返しますね
はーい
ギュンッ
ビクゥッ
ってちょっと待って!!
棚《たな》ごとにジャンルを分けてるの
これは"太平記《たいへいき》"だから
こっちの軍記物語の棚に戻《もど》してね
すみません
軍記
作り物語
歌物語
そういえば作り物語とか歌物語とか棚に札がついてる
これって全部ジャンルなの?
そのとおり
作り物語
まずは**物語**だけどさらに細かく分けることができるよ
わかりやすいのが**作り物語**かな
作り物語は事実ではない創作した物語のこと
代表作は竹取《たけとり》物語 宇津保《うつほ》物語
竹取物語
宇津保物語
古くから人々の間で伝えられてきたお話などをもとにしたものもあるよ

こっちは歌物語
代表作は 伊勢《いせ》物語 大和《やまと》物語
物語の中心に和歌が取り入れられているの
歌物語
和歌が中心になっているから歌物語なんだ！
伊勢物語
次は歴史物語
代表作は 栄花《えいが》物語 大鏡《おおかがみ》
歴史物語
歴史的な出来事をもとにして物語のように描《えが》いた作品よ宮中の貴族たちが主な登場人物ね
それから軍記物語
代表作は 平家《へいけ》物語 太平記
平安時代末期・鎌倉《かまくら》時代・室町《むろまち》時代の武士たちの活躍《かつやく》や戦乱の様子が描かれているよ
軍記物語
太平記
大和が読んでたやつ！
以上が物語の分類ね
ねえねえ あの棚は？
フフ…
よくぞ聞いてくれた
作り物語と歌物語の要素を受け継《つ》いだ長編物語
古典文学の最高峰《ほう》 源氏《げんじ》物語よ!!
源氏物語
専用棚!!
ハァ
ハァ
ときどきこうなるみたい

えー
コホン
気を取り直して次は説話！
代表作は説話をたくさん集めた今昔《こんじゃく》物語集 宇治拾遺《うじしゅうい》物語
説話
宇治拾遺物語
今昔物語集
説話は古くから伝えられてきた民話や神話などのことをいうの
仏様のありがたさや教えを伝える仏教説話と
世間で起こった出来事を伝える世俗説話に大きく分けられるよ
笑い話や失敗談もたくさんあるから楽しく読めるんじゃないかな
昔話も入ってる！
こぶとりじいさんだ！
それからこっちは日記ね
代表作は土佐《とさ》日記 更級《さらしな》日記
日記
個人の日記として仮名で書かれているのが特徴《とくちょう》よ
出来事とそれに対する思いを掘《ほ》り下げて表現しているの
それと忘れちゃいけないのが随筆《ずいひつ》！
小さい子かわいいよね
身の回りの出来事や見たこと・聞いたことなどを自由に書きつづったものね

枕草子《まくらのそうし》・方丈記《ほうじょうき》・徒然草《つれづれぐさ》が
随筆
わー
おー
古典の三大随筆といわれているよ
枕草子
方丈記
徒然草
三大随筆！
最後は紀行文ね
代表作はおくの細道
紀行文
旅の様子や出来事を著《あらわ》したものよ
おくの細道
物語
説話
日記
随筆
紀行文
こんなにたくさんあるんだなぁ
ジャンルを理解しておけば 作品の内容もだいたいわかるから便利よ
よし 軍記物語のほかの作品も読んでみよう！
そうそう！そうやって興味を広げることもできるしね！
それにしてもずいぶん本が積み上がっちゃったね
せっかくだから
ジャンルごとに分けて棚に戻してくれる？
は、はーい！

02 物語①

竹取物語 ―かぐや姫の生ひ立ち―

むかしむかし
竹取の翁《おきな》という人がいたそうな
よし
今日はこのくらいで帰るとするか
ん？
パァァァ
なんと！
竹が光っておる！
中から
パッカーーン
かわいい女の子が！
ちまっ
わかったぞ！
私が毎朝毎夕見る竹の中にいたということは
私の子になるはずの人なのだ！
翁の家
連れて帰ったぞ
まあ かわいらしい
大切に育てましょう

女の子を見つけて以来
翁には不思議なことが度重なって起こった
また!?
わぁ!?
暮らしがよくなったのう
三か月後
立派に美しくなられましたねえ
この子を見ると いつも気持ちが 晴れやかになる
竹の中から生まれ 光り輝《かがや》くほどに 美しく成長した女の子は 「なよ竹のかぐや姫」と 名づけられた
やがてかぐや姫は 五人の貴公子や 帝《みかど》から求婚《きゅうこん》されるが
ハァ…
そのすべてを 断る
そして自分が 月の都の人で あることを明かし
月へと帰って いくのだった

02 物語① 竹取物語 ―かぐや姫の生ひ立ち―

現代語訳は142ページ

今は昔、竹取《たけとり》の翁《*おきな》〔が〕といふ《(ウ)》ものありけり。〔翁は〕野山にまじりて竹をとりつつ、よろづ《(ズ)》のことにつかひ《(イ)》けり。〔翁の〕名をば、さぬきのみやつことなむ《(ン)》いひ《(イ)》ける。その竹の中に、もと光る竹〔が〕なむ《(ン)》一すぢ《(ジ)》ありける。〔翁が〕あやしがりて、寄りて見るに、筒《つつ》の中〔が〕光りたり。それを見れば、*三寸ばかりなる人〔が〕、いとうつくしう《(シュウ)》てゐ《(イ)》たり。〔翁が〕翁いふやう《(ウ)(ヨウ)》、「〔私が〕我朝ごと夕ごとに見る竹の中におはする《(ワ)》にて知〔あなたのことを〕りぬ。〔私の〕子になりたまふ《(ウ)》べき人なめり」とて、手にうち入れて、家へ持ちて来《き》ぬ。妻《め》の嫗《*おうな》にあづけ《(ズ)》てやしなはす《(ワ)》。〔三寸ほどの人は〕うつくしきこと、かぎりなし。いとを《(オ)》さなければ、籠《こ》に入れてやしなふ《(ウ)》。

竹取の翁という者がいた
野山に分け入って竹を取っては
（翁の）名を
さぬきのみやつこ
といった
根元の光る竹が一本あった
近寄って見ると
竹筒の中が光っている
身の丈《たけ》が三寸ほどの人が
翁が言うには
私が毎日朝に夕に見る竹の中に
知ったのだ
（私の）子におなりになるはずの人であるようだ
妻である嫗に任せて育てさせる
このうえない

読解のポイント

おなじみの「かぐや姫《ひめ》」のお話だよ。

おじいさんが竹の中からかぐや姫を見つけた場面ね！

「今は昔」って何だろう？

「今ではもう昔のことだが」という意味で、古文の物語や説話の書き出しによく使われる言葉よ。読み手を物語に引き込《こ》む効果があるの。

この文章、省略や係り結びがたくさん使われているね。

＊翁…年老いた男性。おじいさん。
＊三寸…「寸」は長さの単位で、一寸は約三・〇三センチメートル。三寸は約九センチメートル。
＊嫗…年老いた女性。おばあさん。

古文でよく出る基本の語句もたくさん使われているから、きちんとおさえよう！

覚えておきたい語句

今は昔…今となっては昔のことだが
よろづ…名 さまざま
あやしがる…動 不思議に思う
いと…副 とても
うつくし…形 かわいらしい
ゐる…動 座る
おはす…動 尊 いらっしゃる
～たまふ…補動 尊 お～になる

おさえておきたい文法

文語特有の助動詞（↓152ページ）
ありけり（いた・過去）
なりたまふべき（おなりになるはず・当然）
やしなはす（育てさせる・使役《しえき》）

係り結び（↓21ページ）
なむいひける（強意）
なむ一すぢありける（強意）

作品紹介《しょうかい》

日本最古の物語とされる作品。『源氏《げんじ》物語』の中でも「**物語の出で《い》来はじめの親**」として取り上げられている。**平安時代前期**の九世紀後半～十世紀初めに成立したといわれている。作者は不明。

竹の中から現れたかぐや姫《ひめ》が成長し、貴公子や帝《みかど》の求婚《きゅうこん》を拒否《きょひ》したうえで、元いた月へ帰るという物語。

平安貴族の生活

① 一日のスケジュール(男性)

貴族の朝は早く、夜明けごろ、一説に午前三時ごろには起床《きしょう》していたといわれる。午前七時ごろには宮中に出勤した(出仕)。

勤務時間は午前中で終わったが、交替制《こうたいせい》で、午後から夜間の勤務が入ることがあった。この午後からの勤務を宿直《とのい》と呼ぶ。宿直は、深夜までかかることも多かった。

食事は一日二回なんだって。

女性は男性と同じく夜明けごろに起床し、夫や子どもの世話をしたり、宮廷《きゅうてい》で他の女性たちと親交を結んだりしていたよ。

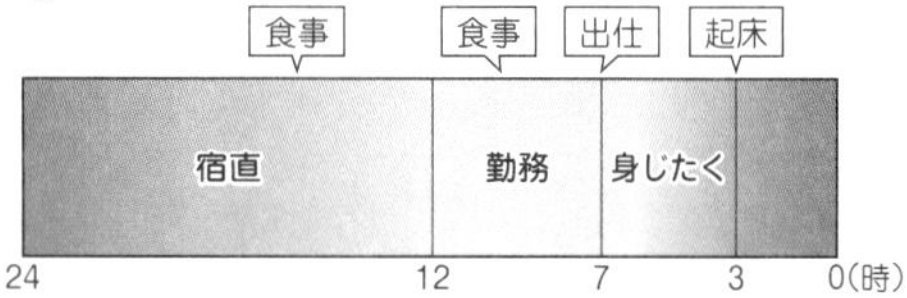

起床
出仕
食事
食事
身じたく
勤務
宿直
0(時)
3
7
12
24

② 住居

平安貴族の住居を寝殿造《しんでんづくり》という。平安時代の中期に完成されたとされ、主人が住む寝殿を中心に、家族が住む対屋《たいのや》が建てられた。

- 北対《きたのたい》…多くは正妻《せいさい》の居間。
- 渡殿《わたどの》…渡り廊下《ろうか》。
- 中門《ちゅうもん》…寝殿への出入り口。
- 車宿《くるまやどり》…牛車《ぎっしゃ》を入れる車庫。
- 築地《ついじ》…塀《へい》。

寝殿
築地《ついじ》
南庭《なんてい》
反橋《そりはし》
釣殿《つりどの》
北対《きたのたい》
渡殿《わたどの》
東対《ひがしのたい》
遣水《やりみず》
中門《ちゅうもん》
車宿《くるまやどり》

③服装《ふくそう》

・文官束帯《ぶんかんそくたい》…公家《くげ》の正装。

飾太刀《かざりたち》
垂纓《すいえい》の冠《かんむり》
笏《しゃく》
縫腋《ほうえき》の袍《ほう》
下襲《したがさね》の裾《きょ》
平緒《ひらお》
表袴《うえのはかま》
浅沓《あさぐつ》
大口袴《おおくちばかま》

・直衣《のうし》…公家の平常服。

立烏帽子《たてえぼし》
直衣
檜扇《ひおうぎ》
出衣《いだしぎぬ》
指貫《さしぬき》

・狩衣《かりぎぬ》…鷹狩《たかが》りの服。のちの平常服。

蝙蝠《かわほり》
立烏帽子
狩衣《かりぎぬ》
袖括《そでくくり》
指貫

衣《ころも》の色や模様の組み合わせに気を遣《つか》ったんだって！
おっしゃれ〜！

・唐衣裳《からぎぬも》…正装。十二単《ひとえ》。

唐衣《からぎぬ》
袿《うちき》(五衣《いつつぎぬ》)
表着《うわぎ》
単《ひとえ》
裳《も》
小腰《こごし》
長袴《ながばかま》
引腰《ひきごし》

・五衣《いつつぎぬ》小《こ》袿《うちき》…準正装。

小《こ》袿《うちき》
小《こ》袖《そで》
袙扇《あこめおうぎ》
長袴《ながばかま》

平安時代末期
平清盛《たいらのきよもり》
武士として実権を握《にぎ》った平家に対し各地で不満が高まり
源頼朝《みなもとのよりとも》
源氏を中心に諸国の武士たちが兵を挙げた
一の谷の戦いにて―
平家の大将軍の首を取って手柄《てがら》としたいものだ
源氏軍
熊谷次郎直実《くまがいじろうなおざね》
あの豪華《ごうか》な鎧《よろい》姿…
相当な身分の方に違《ちが》いない！
そこにおわすのは大将軍とお見受けした！
敵に後ろをお見せになるのは卑怯《ひきょう》ですぞ！
ガ
ツ
なんとこれは美しい…
我《わ》が息子《むすこ》と変わらぬ年頃《としごろ》ではないか！

どうかお名前をお名のりくださいあなた一人生き延びたとしても、戦《いくさ》の勝ち負けは変わらないでしょうお命、お助け申しあげたい
おまえは誰《だれ》だ
わしは武蔵国《むさしのくに》の住人熊谷次郎直実と申します
おまえのような者には名のるまい私の首を見せれば、見知っている者がいるだろう
わぁあぁ!!
ああ…お助け申したいがもはや味方が近づいてきている
他の者に手をかけられるならいっそわしが…!!
さあ、さっさと首を取れ!!
熊谷はこれを機に出家の決意を固める
ぐっ
若武者の正体は平清盛の甥《おい》・平敦盛《あつもり》であった

熊谷が「抑《そもそも》いかなる人にてましまし候《さうらふ》《(ソ)(ロウ)》ぞ。名のらせ給へ《(エ)》。たすけ参らせん」と申せば、敦盛が「*汝《なんぢ》《(ジ)》はたそ」と問ひ《(イ)》給ふ《(ウ)》。熊谷は「物その者で候は《(ワ)》ねども、*武蔵国《むさしのくに》住人、熊谷《くまがへ(エ)の》次郎《じらう(ロウ)》直実《なほ(オ)ざね》」となのり申す。敦盛は「さては、なんぢ《(ジ)》にあう《(オウ)》てはなのるまじいぞ。なんぢ《(ジ)》がためにはよい敵《かたき》ぞ。名のらずとも頸《くび》をとッて人に問へ《(エ)》。私の顔を見知らう《(ロウ)》ずるぞ」とぞ宣ひ《のたま(イ)》ける。〈中略〉熊谷が涙《なみだ》をおさへ《(エ)》て申しけるは、「たすけ参らせんとは存じ候へ《(エ)》ども、御方《みかた》の*軍兵《ぐんびやう(ビョウ)》雲霞《うんか》のごとく候。よものがれさせ給は《(ワ)》じ。人手にかけ参らせんより、同じくは直実が手にかけ参らせて、後の*御孝養《おんけうやう(キョウヨウ)》をこそ仕り《つかまつ》候は《(ワ)》め」と申しければ、敦盛は「ただとく*《(トク)》頸を

いったいどのような
誰だ
大した者ではございませんが
それならば、おまえに対しては
おまえのためにはよい敵だ
名のらなくとも首を取って人に尋ねよ。(私の顔を)見知っている者がいるだろう
とおっしゃった
味方の
決してお逃げにはなれないでしょう
ただ、さっさと首を取れ

読解のポイント

源氏《げんじ》軍の武士・熊谷直実《くまがいなおざね》が、平家《へいけ》の若武者・平敦盛《たいらのあつもり》を討《う》ち取ろうとするシーンだよ。

熊谷は、敦盛が自分の息子《むすこ》と同じ年頃《としごろ》なのを見て、命を助けたいと思ったのか。

でも、助けたくても、味方の兵も迫《せま》ってきて、とても助けられそうにない。

ならばいっそ、自分の手で討とう……と、熊谷の気持ちは揺《ゆ》れているんだね。

現代語訳は142ページ

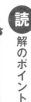

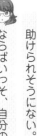

とれ」とぞ宣ひ《(イ)》ける。

＊汝…(同等または目下の人物に対して)おまえ。
＊武蔵国…現在の東京都・埼玉県と、神奈川県東部の地域。
＊雲霞のごとく…人が大勢押《お》し寄せてくる様子。
＊考養…亡《な》くなった人の供養《くよう》をすること。
＊とく…早く。速《すみ》やかに。

敦盛は、戦場でも愛用の笛を手放さなかったの。みやびな青年だったのね。

覚えておきたい語句

まします…補動 尊 ～いらっしゃる
～候ふ…補動 丁 ～ございます
～せ給ふ…助動＋補動 尊 お～になる
～参らす…補動 謙 お～申し上げる
申す…①動 謙 申し上げる ②補動 謙 お～申し上げる

おさえておきたい文法

文語特有の助動詞(↓152ページ)
候はねども(ございませんが・打ち消し)
なのるまじいぞ(名のるまいぞ・打ち消しの意志)
見知らうずるぞ(見知っているだろう・推量)

係り結び(↓21ページ)
ぞ宣ひける(強意)
こそ仕り候はめ(強意)

作品紹介《しょうかい》

平家の栄華《えいが》と没落《ぼつらく》・滅亡《めつぼう》を描《えが》いた軍記物語。鎌倉《かまくら》時代半ばには成立していたといわれる。信濃前司行長《しなののぜんじゆきなが》を作者とする説もあるが、不明。琵琶法師《びわほうし》が琵琶を弾《ひ》きながら語る「平曲《へいきょく》」の形で広く伝えられた。世の中の全てのものは移り変わり続けるという**無常観《むじょうかん》**をテーマとしている。

『平家物語《へいけものがたり》』は、平安時代末期に権力を握《にぎ》って栄華《えいが》を極めた平家《へいけ》が、源平合戦《げんぺいがっせん》によって滅《ほろ》びていく様子を描《えが》いている。源平合戦のおおまかな流れは次のようなものである。

宋《そう》(中国)との貿易に力を入れ、富を築いたぞ。
▶平清盛像(『天子摂関御影《てんしせっかんみえい》』)

① 平家への反発と源氏《げんじ》の挙兵

平清盛《たいらのきよもり》は、武士の身で初めて太政大臣《だいじょうだいじん》(=朝廷《ちょうてい》の最高役職)に昇《のぼ》りつめ、官位は平家の一門の者が独占《どくせん》した。しかし、その強引なやり方は、やがて**後白河法皇《ごしらかわほうおう》**やほかの貴族たちとの対立を招き、**源《みなもとの》頼朝《よりとも》**や**源《みなもとの》義仲《よしなか》**(木曽義仲《きそよしなか》)ら源氏の一門の挙兵につながった。

② 平清盛の死

清盛は、平家を倒《たお》そうとする源氏の動きを抑《おさ》え込《こ》みながら福原《ふくはら》(兵庫県)に都を

平 清盛
ムッ
安徳《あんとく》天皇(清盛の孫)
わしを閉じこめおって!
父の敵《かたき》!
後白河法皇
許さん!
源 頼朝
源 義仲(頼朝のいとこ)

▶『平家物語』の主な戦い

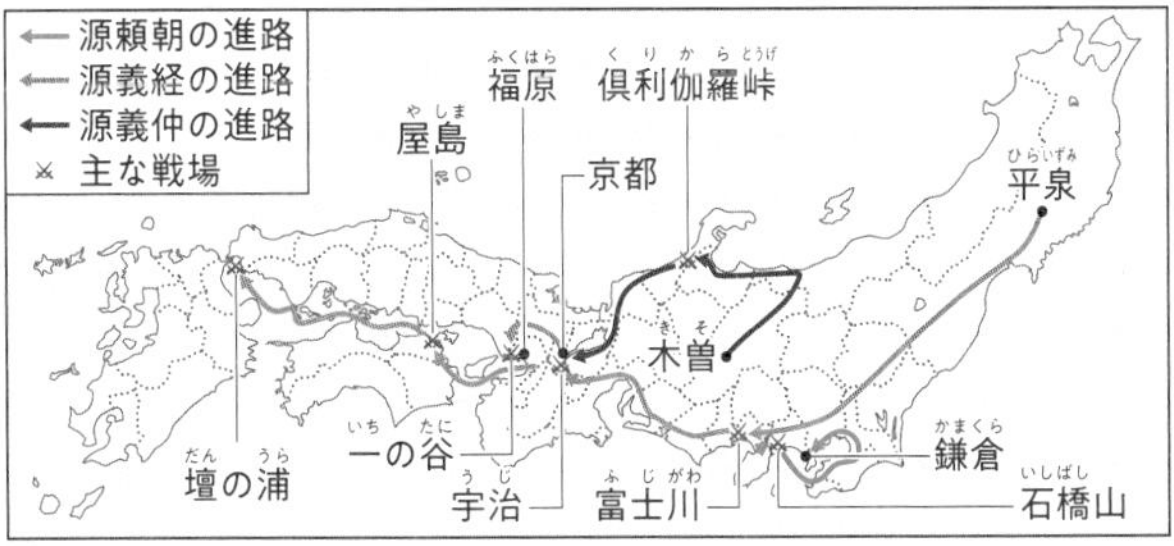
源頼朝の進路
源義経の進路
源義仲の進路
主な戦場
福原《ふくはら》
倶利伽羅峠《くりからとうげ》
屋島《やしま》
京都
平泉《ひらいずみ》
木曽《きそ》
一の谷《いちのたに》
壇の浦《だんのうら》
宇治《うじ》
富士川《ふじがわ》
鎌倉《かまくら》
石橋《いしばし》山

移すが、貴族たちからの反発を受けて京に都を戻《もど》した。平家の世に陰《かげ》りが見えてきたなかで、清盛は病死した。

③平家の都落ちと源義仲の失脚《しっきゃく》

清盛亡《な》きあとの平家は、源義仲に攻められて京の都を追われた。

一方、義仲は京に入ったものの、後白河法皇らとよい関係を築くことができず、結局、源頼朝の弟・**源義経《みなもとのよしつね》**に討《う》たれた。

④平家の滅亡《めつぼう》

京から西国《さいごく》に逃《のが》れた平家は、源義経の活躍《かつやく》によって敗北を重ね、次第に追い詰《つ》められていった。そして、**壇《だん》の浦《うら》の戦い**に敗北して、ついに滅亡したのだった。

壇の浦の戦い
平家を討てー!!
波の下にも都がございます!!
二位の尼《にいのあま》(清盛の妻)
源 義経
安徳天皇

宮中
寒いわねぇ
外は雪が積もっているわ
少納言
中宮定子《ていし》
はい 何でしょう 定子様
清少納言《せいしょうなごん》
香炉峰《こうろほう》の雪はどんな感じでしょうね
香炉峰…？
あ そういうことか！
御格子《みこうし》を上げてくださいますか？
スッ
ぽかーん

サッ
ニコリ
そうか！定子様は 白居易《はくきょい》のあの詩のことを言っておられたのですね！
香炉峰の雪は簾《すだれ》を撥《かか》げて看《み》る
フフフ
詩のことはよく知ってるけどあんな風に言われてもぱっと思いつかないよ
フンス
やっぱりあなたは定子様にお仕えするのにふさわしい人だわ！
このように枕草子《まくらのそうし》には
キュピーン
これはいいネタ
そうだこの話記録しとこ！
サッ
宮中での出来事や自然・人のことなどが書かれている

現代語訳は143ページ

雪のいと高《たか》う《（コ）》降《ふ》りたるを、〔の〕例ならず御格子《みかうし》《（コウ）》まゐり《（イ）》て、炭櫃《すびつ》＊に火〔を〕
雪がたいそう高く降り積もっているのを　いつもと違って

おこして、〔女房たちが〕物語などしてあつまりさぶらふ《（ウ）》に、〔定子様が〕「少納言《せうなごん》《（ショウ）》よ。香炉《かうろ》《（コウ）》＊
おしゃべりなどして集まって　香炉峰

峰《ほう》の雪〔は〕＊いかならむ《（ン）》」と仰《おほ》《（オ）》せらるれば、〔私は女官に〕御格子〔を〕上げさせて、御簾《みす》＊を
の雪はどうであろう　御格子を上げさせて　御簾を

高く上げたれば、〔定子様は〕笑はせ《（ワ）》たまふ《（ウ）》。人々も「さる事は知り、歌など
高く巻き上げると　お笑いになる　そのような詩句のことは知っていて

にさへ《（エ）》うたへ《（エ）》ど、思ひ《（イ）》こそよらざりつれ。〔あなた（清少納言）は〕なほ《（オ）》この宮の人にはさ＊
思いもよらなかった　この宮に仕えるのに

べきなめり」と言ふ《（ウ）》。
ふさわしい人なのでしょう

＊炭櫃…灰を入れ、炭で火をおこして周囲を温めた暖房《だんぼう》器具。
＊香炉峰《こうろほう》…中国にある廬山《ろざん》という山の峰《みね》の名。
＊いかならむ…どうであろう。
＊御簾…高貴な人物の屋敷《やしき》に用いられたすだれ。

読解のポイント

この文章には、清少納言《せいしょうなごん》の知識の深さと頭の回転の速さが表れているの。

どういうこと？

「香炉峰の雪」というのは、唐《とう》（中国）の文学者・白居易《はくきょい》の詩の一節「香炉峰の雪は簾《すだれ》を撥《かか》げて看《み》る」を踏《ふ》まえているの。定子《ていし》は、「この漢詩を知っているよね？」と清少納言を試したわけ。

定子様のテストにばっちり応えたのね！　うれしそう

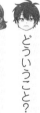

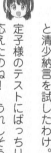

＊さべき…「ふさわしい、適当な」という意味の「さるべき」が「さんべき」という形になり、「ん」が表記されなくなった語。

な清少納言の顔が目に浮《う》かぶなあ。

覚えておきたい語句

(御格子)まゐる…**動謙**(高貴な方のお部屋の)格子《こうし》をお上げ申し上げる・お下げ申し上げる

さぶらふ…**動謙**(神仏や高貴な人物のおそばに)お仕え申し上げる

仰せらる…**動尊**おっしゃる

さへ…**助**～までも

なほ…**副**やはり

おさえておきたい文法

文語特有の助動詞(→152ページ)

例ならず(いつものようではなく・打ち消し)

御格子上げさせて(御格子を上げさせて・使役《しえき》)

思ひこそよらざりつれ(思いもよらなかった・打ち消し＋完了《かんりょう》)

係り結び(→21ページ)

思ひこそよらざりつれ(強意)

作品紹介《しょうかい》

清少納言による、**日本最初の随筆《ずいひつ》文学**とされる作品。**平安時代**の一〇〇一年ごろには成立していたといわれる。中宮定子《ちゅうぐうていし》に仕えていたときの見聞や出来事についての記録、身近な物事や自然の風物に対して感じたことなどを率直《そっちょく》に述べている。理知的・客観的で軽やかな「**をかし**」の文学といわれる。

清少納言と周囲の人々

①清少納言《せいしょうなごん》の人物像

清少納言が生まれた清《きよ》原《はら》家には、優《すぐ》れた学者や歌人が多く生まれている。自身も幼いころから和歌や漢詩にふれて、高い教養を身につけていた。

一条《いちじょう》天皇の**中宮定子《ちゅうぐうていし》**に出仕したのは三十歳《さい》前後のことと考えられている。はじめは慣れない環境《かんきょう》にとまどっていたが、やがて、定子のもとで、その才知を堂々と発揮《はっき》するようになった。また、定子からも厚い信頼《しんらい》や親しみを寄せられたことが、清少納言の随筆《ずいひつ》『**枕草子《まくらのそうし》**』からうかがえる。

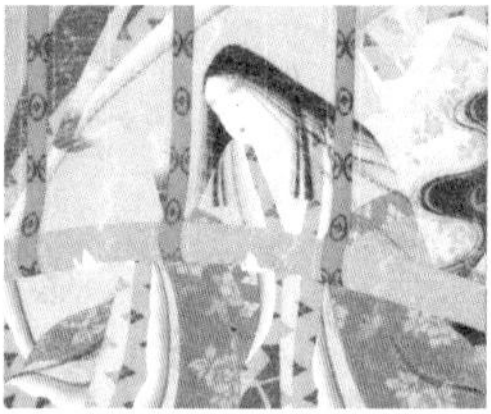

▲清少納言(『雪月花』)

清少納言は名のある貴族たちとも気の利いたやりとりを繰《く》り広げて感心されていたんだって。かっこいい！

②清少納言が描《えが》いた定子

清少納言は『枕草子』に、中宮定子への熱烈《ねつれつ》な崇拝《すうはい》の気持ちを書き表している。

定子は関白《かんぱく》を務めていた父・藤原道隆《ふじわらのみちたか》が亡《な》くなると、後ろ盾《だて》を失って厳しい立場に追い込《こ》まれた。しかし、清少納言はそんなつらい状況《じょうきょう》を感じさせることなく、定子の美しさや人柄《ひとがら》のすばらしさを繰り返し述べている。清少納言にとって定子は、輝《かがや》かしく華《はな》やかな宮中生活の絶対的な主役だったのかもしれない。

③清少納言と紫式部《むらさきしきぶ》

紫式部は中宮彰子《しょうし》に仕えた。彰子の父・藤原道《ふじわらのみち》長《なが》は、中宮定子の兄弟を追い落として権力を握《にぎ》り、娘の彰子を一条天皇の中宮にした。

天皇の后《きさき》には、高い教養が求められた。そのため、后の家庭教師のような役割で、教養ある女性たちが選ばれ、出仕していた。清少納言も紫式部もそのような女房《にょうぼう》のひとりだった。定子と彰子はいわばライバルのような関係で、それぞれに仕える女房どうしの関係も複雑だったかもしれない。しかし、紫式部が彰子に出仕したのは清少納言が宮仕えを辞《や》めた数年後のことといわれており、二人に直接の面識があったのかはわからない。

▲紫式部(『紫式部之図』)

④清少納言と紫式部に関わる人々

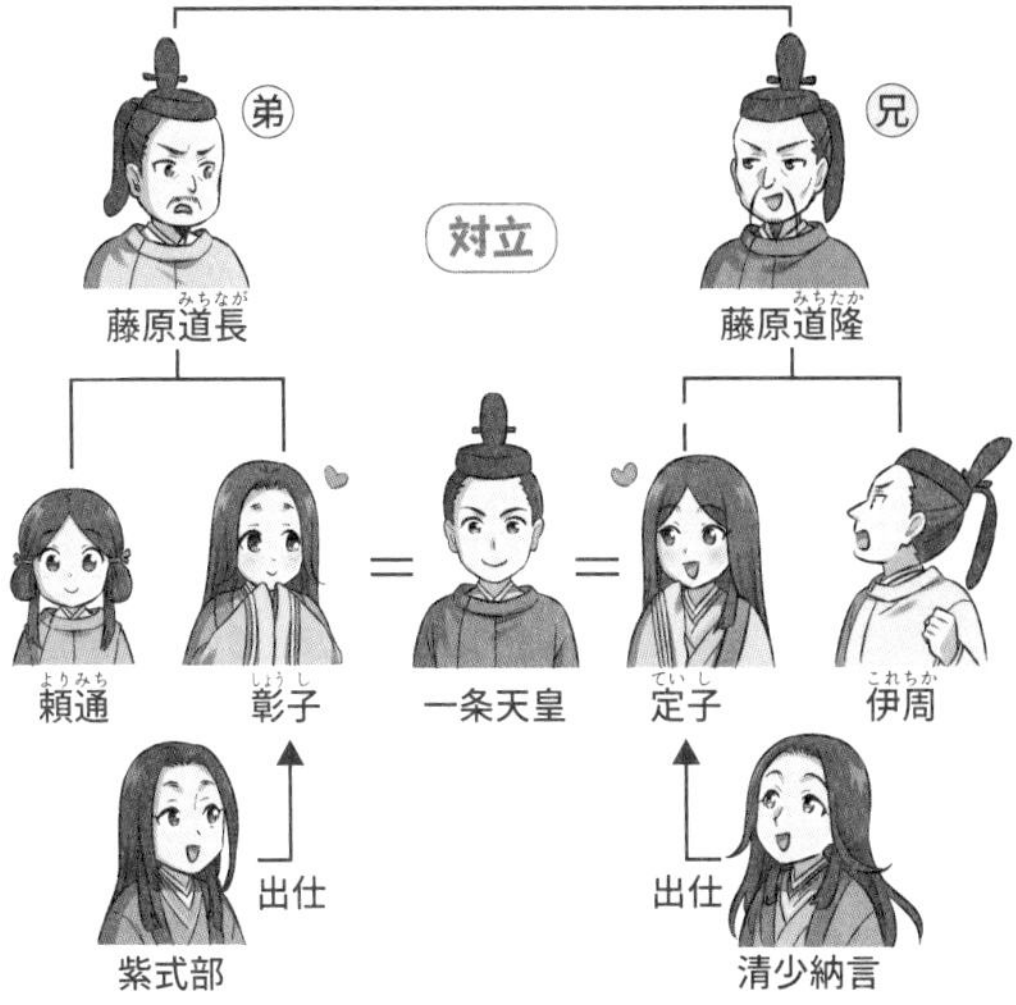

私は兼好法師《けんこうほうし》
世の中のありさまについて思ったことを書いておる
ここで一つおもしろい話をしよう
ある者が弓を習っていたのだが―
待て!
初心者は二本の矢を持ってはならん!
なぜですか?
二本目の矢をあてにしてつい一本目の矢をおろそかにしてしまうのだよ
毎回一本の矢だけを持ってその一本を確実に的に当てようと思え
?
没《ぼっ》収《しゅう》!

たった二本の矢で
しかも師匠《ししょう》の前で
射《い》るのだから
初めの矢をいい加減にしようと思うだろうか？
本人はそんなつもりはもちろんないのだろうが
師匠は一本目の矢をおろそかにする気持ちを見抜《みぬ》いているのだ
スッ
この戒《いまし》めはあらゆることに通じる
今日やってなかったな
明日の朝やればいいっか
まあまだ朝だし
夕方やればいいや
何がしかの道を学ぶ人は夕方には明日の朝が朝には夕方があると思って
そのときに入念に修行《しゅぎょう》しようと心積もりする
一日でこのようなのにほんの一瞬《いっしゅん》の間に怠《なま》け心があることに気づくだろうか？
なんとまぁすべきことをすぐに実行するのは非常に難しいことか

現代語訳は143ページ

或人《ある》、弓射《い》る事を習ふ《(ウ)》に、*もろ矢をたばさみて的に向ふ《むか(ウ)》。師の言はく《(ワ)》、「初心の人、二つの矢を持つ事なかれ。後《のち》の矢を頼《たの》みて、はじめの矢に等閑《なほざり(オ)》の心あり。毎度ただ得失なく、この一矢に定むべしと思へ《(エ)》」と言ふ《(ウ)》。わづか《(ズ)》に二つの矢、師の前にてひとつをおろかにせんと思はん《(ワ)》や。*懈怠《けだい》の心、みづから《(ズ)》知らずといへ《(エ)》ども、師これを知る。この*戒《いまし》め、万事《ばんじ》にわたるべし。

道を学する人、夕《ゆふべ(ウ)》には朝《あした》あらん事を思ひ《(イ)》、朝には夕あらんことを思ひ《(イ)》て、かさねてねんごろに修《しゆ(ュ)》せんことを期《ご》す。*況《いは(ワ)》んや一*刹那《せつな》のうちにおいて、懈怠の心ある事を知らんや。なんぞ、ただ今の

二本の矢を手に挟んで持って的に向かった
言うには
初心者は
二本の矢を持ってはならない
毎回ただ失敗なく
この一本の矢で
自分では
道を学ぶ人は
修行をしようということを
まして、ほんの一瞬
の間において
怠け心があることに気づくだろうか
どうして
現在の

読解のポイント

作者の兼好法師《けんこう》が、弓の師《し》匠《しょう》の教えから感じたことを述べた文章だよ。

確かに、「チャンスはまだある」という気持ちが無意識のうちに油断につながることってあるよね。

それに、ほんとはすぐにやらなきゃいけないことを、つい「明日でいいや！」って先延ばししちゃうのも、あるあるだよね〜！

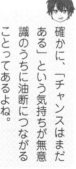

＊一念において、直ちにする事の甚《はなは》だ難《かた》き。

一瞬において すべきことをすぐに実行することが非常に難しいのだろうか

＊もろ矢…二本の矢。　＊懈怠の心…怠《なま》け心。　＊戒め…教訓。

＊況んや…まして。言うまでもなく。

＊刹那・一念…ともに仏教の言葉で、非常に短い時間を表す。

兼好は、武士や職人など、さまざまな身分の人の言葉から、現代にも通じる教訓を得ているよ。

覚えておきたい語句

頼む…動 あてにする

定む…動 決める・決定する

おろかなり…形動 いい加減だ・おそろかだ

や…助 ～だろうか、いや、～ではない

ねんごろなり…形動 熱心である・丁寧である

期す…動 予定する・心積もりする

おさえておきたい文法

文語特有の助動詞（↓152ページ）

定むべし（決めよう・意志）

おろかにせん（おろそかにしよう・意志）

知らず（気づかない・打ち消し）

わたるべし（通じるはずだ・当然）

朝あらん（朝があるだろう・推量）

作品紹介《しょうかい》

兼好法師によって著《あらわ》された**随筆《ずいひつ》**。鎌倉《かまくら》時代末期の一三三一年ごろには成立していたかといわれており、序段と本文二四三段から成る。**見聞をもとにした人生観や人間観、仏教的な無常観、人物の逸話《いつわ》、説話的な章段**など、内容は幅《はば》広《ひろ》い。高い学識や世間への関心がうかがわれる。

世の中のものは何もかも変わり続けて
鴨長明《かものちょうめい》
ひとときも同じであることはない
川の水は常に流れ続けている
それでいて流れる水はもとの水ではない
よどみに浮《う》かぶ水の泡《あわ》は浮かんだり消えたりして
長い間とどまることはない
世間の人々とその住まいも
このようである
身分の高い人低い人の家は
長い時を経てもなくならないというけど
去年焼けて今年建てたのか
この家は小さくなったな
昔からあった家は珍《めずら》しい

住む人も家と同じだ
場所も変わらず人も大勢いるが
昔見知った人は二、三十人の中で一人、二人だ
オギャアア
朝亡《な》くなる人もいれば昼に生まれる人もいる
水の泡みたいだな
私にはわからない生まれ死んでいく人々が
どこから来てどこへ去るのか
一時的な現世の仮の住まいについて
誰《だれ》のために思い悩《なや》み何によって目を楽しませるのかを
家主と住まいが先を争うように消えていくありさまは
どちらともなく消える朝顔と露《つゆ》の関係と同じだな

06 随筆③ 方丈記 ―ゆく河の流れ―

現代語訳は144ページ

ゆく河《かは(ワ)》の流れは絶えずして、しかももとの水にあらず。よどみに浮《うか》ぶうたかた*は、かつ消え、かつ結びて、久しくとどまりたるためしなし。(は)世の中にある人と栖《すみか》と、またかくのごとし。たまし*きの都のうちに棟《むね》を並べ、甍《いらか》*を争へ《(エ)》る高き賤《いや》しき人の住《すま》ひ《(イ)》は、世々を経て尽《つ》きせぬものなれど、これをまことかと尋《たづ(ズ)》ぬれば、(から)昔ありし家は稀《まれ》なり。或《あるい》は去年《こぞ》焼けて、今年作れり。或は大家《おほいへ(オ)(エ)》(が)ほろびて小家《こいへ(エ)》となる。住む人もこれに同じ。〈中略〉(私は)知らず、生《うま》れ死ぬる人(が)いづ《(ズ)》かたより来《きた》りて、いづ《(ズ)》かたへか去る。また知らず、仮*の宿り、(について)誰がためにか心を悩《なや》まし、何によりてか目を喜ばしむる。

それでいて、流れる水は、もとの水ではない。
現れて
長い間
世間の人々と、その住まいも
やはりこのようである
玉を敷き詰めたように美しい都の中に棟を並べ、屋根の高さを競い合う
長い時を経ても
このことが本当かと
めったにない
ある家は去年焼けて
ある家は大きな家が
なくなって小さな家となった
生まれ死んで
いく人々がどこから来て
一時的な現世の住まいについて、誰のために思い悩み

読解のポイント

『方丈記』の巻頭の文章よ。

「ゆく河の流れは絶えずして……」という部分、聞いたことある！

「すべての物事は絶えず変化して、永久に変わらないものはない」という無常観の考え方が表れているの。

人の命も住居も、いつかは消えてしまう無常なものだと述べているんだね。

その主《あるじ》と栖と無常を争ふ《(ウ)》さま、いは《(ワ)》ばあさがほ《(オ)》の露《つゆ》に異ならず。
その家の主人と住まいとが先を争うように消えていくありさまは

*うたかた…水面の泡《あわ》。　*たましきの…宝石を敷《し》き詰《つ》めたような美しい場所。
*甍を争ふ…屋根(建物)の高さを競い合う。「甍」は、屋根のいちばん高い部分。
*仮の宿り…一時的な住まい。また、はかないこの世のたとえ。

作者の鴨長明《かものちょうめい》が生きた時代は、戦乱や天災が重なって起こったの。人々は、世の中の無常を強く感じていたんだよ。

覚えておきたい語句

かつ…副(「かつ～かつ～」の形で)一方では～他方では～
賤し…形 身分が低い
尋ぬ…動 物事の事情などを調べて明らかにする

おさえておきたい文法

文語特有の助動詞(↓152ページ)
絶えず(途切れることなく・打ち消し)
ありし(あった・過去)
作れり(建てた・完了)
喜ばしむる(楽しませる・使役)
係り結び(↓21ページ)
いづかたへか去る(疑問)

作品紹介《しょうかい》

鴨長明によって著《あらわ》された随《ずい》筆《ひつ》。鎌倉《かまくら》時代初期の一二一二年には成立していたといわれる。当時の京で起こったさまざまな災厄《さいやく》のことや、世の中から身を引いた隠者《いんじゃ》として、山奥《やまおく》で静かに暮らす自身の生活のことを書いている。**無常観をテーマにしつつ、自己の内面を見つめた内容**が特徴《とくちょう》。

むかしむかし
比叡山《ひえいざん》のお寺にお仕えしている男の子がいました
ある晩のこと
ぼた餅《もち》を作ろう
パァアア!!
ぼた餅…!
ええなぁ
んー
でも出来上がるまで寝《ね》ずに待っているのも
よくないかぁ
とりあえず
寝たふりして待とう!
とててっ
しばらくして…
できた!
ニヤッ
うまそうだ!
やっとか!
きっと起こしてくれるよね

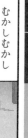

もしもし
お目覚めになってください
ほら来た！
わっく
わっく♪
でも一度で答えたら
待ってたと思われちゃうな
もう一度呼ばれたら起きよう！
ニヤニヤ
こらこら起こしてあげるな
おチビさんは寝入ってしまわれたのだ
スヤァ
ってえええええ!!
起こしてよ！
うまい！
うまい！
むしゃ
むしゃ
ううっ…食べたい！
ぐぬぬ…
ええいっしょうがない！
シュタッ
はいっ！
起きてます！
わっはっは!!
わかってましたよ

比叡山《ひえいざん》の延暦寺《えんりゃくじ》に仕える子どもがいた。ある夜、寺の僧《そう》たちが、「ぼた餅《もち》を作ろう」と言い出した。それを聞いた子どもは楽しみに思いつつ、「出来上がるのを待って起きているのもかっこうが悪い」と、部屋の隅《すみ》で寝《ね》たふりをしていた。やがて、ぼた餅が出来上がったらしく、僧たちが騒《さわ》ぎ始めた。

この児《ちご》*、〔が〕「定めて驚《おどろ》かさんずらん」と待ちゐ（イ）たるに、僧の、「物*申し［もし］候《さぶら》（ウ）はん。驚かせ給へ（エ）」といふ（ウ）を、〔児は〕うれしとは思へ（エ）ども［うれしいとは思ったけれども］、「ただ一度にいらへ（エ）んも、〔の〕〔ぼた餅ができるのを〕待ちけるかと［待っていたのかと］もぞ思ふ（ウ）」とて、「今一声［もう一度］呼ばれて［呼ばれてから］いらへ（エ）ん」と念じて寝たる程《ほど》に［寝ていると］、「や、な起《おこ》し奉《たてまつ》りそ。幼き人は寝入り給ひ（イ）にけり［寝入ってしまわれたのだ］」といふ（ウ）声〔僧の〕のしければ［声がしたので］、〔児は〕あなわびしと思ひ（イ）て、「今一度起せかし」と思ひ（イ）寝に聞けば［と期待しながら寝て聞いていると］、〔僧たちが〕*ひしひしとただ［むしゃむしゃとただ］食ひ（イ）に食ふ（ウ）音のしければ［食べに食べている音がしたので］、〔児は〕すべなくて［どうしようもなくて］、*無期《むご》の後に［ずいぶん時間がたってから］、「えい」とい［「はい」と］

読解のポイント

お寺に仕える子どもの失敗エピソードね。子どもの気持ちの動きが細かく表現されていておもしろい！

最後の場面で、お坊さんたちに笑われて恥《は》ずかしそうにしている子どもの様子が目に浮《う》かんでくるね。

こんな間の悪い失敗、現代でもありそうでしょ。

ほんと！ 昔の人も、今の私たちとそんなに変わらないね。

現代語訳は144ページ

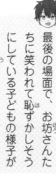

らへ（エ）たりければ、僧たち笑ふ（ウ）事限りなし。
僧たちはこのうえなく大笑いしたのだった

＊児…学問や行儀《ぎょうぎ》作法を学ぶために、寺院に預けられて仕えた少年。
＊物申す…もしもし。呼びかけの言葉。
＊ひしひしと…むしゃむしゃと。　＊無期…長い時間。

覚えておきたい語句

定めて…副 きっと
驚かす…動 起こす
いらふ…動 返事をする
もぞ～（連体形）…～すると困る
念ず…動 我慢する
な～そ…副＋助 ～するな
あな…感 ああ・あら・まあ
わびし…形 困ったことだ
かし…助 ～よ・～ね

おさえておきたい文法

文語特有の助動詞（↓152ページ）
驚かさんずらん（起こしてくれるだろう・推量＋現在推量）
待ちゐたるに（待っていると・存続）
いらへん（返事をしよう・意志）

作品紹介《しょうかい》

鎌倉《かまくら》時代初期の十二世紀末～十三世紀前半に成立したといわれる**説話集**。編者は未詳《みしょう》。一九七話から成り、仏教の教えを伝える**仏教説話**と、民話や笑い話、人物の逸話《いつわ》などを記した**世俗《せぞく》説話**の両方を収めている。天皇や貴族、僧侶《そうりょ》、武士、庶民《しょみん》など、**さまざまな階層の人物が登場する。**

男が書く日記というものを
女の私も書いてみようと思う
ある年の十二月二十一日午後八時ごろ
ある男が土佐国《とさのくに》(高知県)から出発する旅のことを―
男が土佐国で国司《こくし》としての四、五年の任期を終え
お疲《つか》れ様でした
後任の引き継《つ》ぎも全部終わって
引き継ぎの証明書を受け取り
住んでいた官舎《かんしゃ》から出て船着き場へ行くと
知っている人も知らない人も見送りする
親しくしていた人々とは別れがたく
騒《さわ》ぎ立てるうちに夜が更《ふ》けた

二十二日
道中の無事を祈るため神様にお願いに参った
京
和泉
21日出発
土佐国府
まずは和泉国《いずみのくに》(大阪府南部)まで無事にたどり着けますようにどうぞお守りください
藤原《ふじわら》のときざねが
※馬のはなむけ…送別の宴《うたげ》
船路ではあるが馬のはなむけをする
身分の区別なく人々が酔《よ》って
海のほとりでふざけあっている
ふふ
もく
なかなかいいな
もく
女性のふりをして平仮名で日記を書くというのは
ボワッ
自由な表現ができてとてもいい
紀貫之《きのつらゆき》

男もすなる日記《にき》といふ《(ウ)》ものを、〈である私〉女もしてみむ《(ン)》とてするなり。

それの年の師走《しはす》《(ワ)》の二十日あまり一日《ひとひ》の日の、戌《いぬ》の時に門出《かどで》す。

ある年の十二月二十一日の　午後八時ごろに出発する

そのよし〈を〉、いささかにものに書きつく。

その旅のことを

ある人〈が〉、＊県《あがた》の四年五年《よとせいつとせ》〈が〉果てて、例のことども〈を〉皆《みな》し終へ《(エ)》て、＊解由《げゆ》など〈を〉取りて、住む館《たち》より出《い》でて船に乗るべきところへわたる。かれこれ、知る〈人も〉知らぬ〈人も〉、送り〈を〉す。年ごろよくくらべつる人々なむ《(ン)》、別れがたく思ひ《(イ)》て、日しきりにとかくしつつ、ののしるうちに夜〈が〉更《ふ》けぬ。

ある人が、国司としての四、五年の任期が終わって、きまりとなっている後任への引き継ぎも全部終わり、解由状などを受け取って、住んでいた官舎から出て　移る　あの人この人、知っている人も知らない人も見送りをする　一日中あれこれとしながら

二十二日に、和泉《いづみ》《(ズ)》の国までと平らかに願立つ。藤原《ふぢはら》《(ジ)(ウ)》のときざね〈が〉、船路なれど＊馬《むま》のはなむけ〈を〉す。上、中、下〈の身分の区別なく〉、酔《ゑ(エ)》ひ《(イ)》飽《あ》きて、いとあや

和泉国（現在の大阪府南部）までは無事に行けますようにと願を立てた　船路ではあるが、馬のはなむけをする　酔っぱらって

読解のポイント

『土佐《とさ》日記』の最初の部分だよ。三段落目冒頭《ぼうとう》の「ある人」は、作者の紀貫之《きのつらゆき》自身のことを表しているの。

そもそもなんで貫之は、女性のふりをして『土佐日記』を書いたの？

当時の日記は、男性が漢文で、毎日の出来事をきっちり記録するお堅《かた》いものだったの。貫之は、女性が使う仮名《かな》で、自分の心情や情景などを自由に書いてみようと考えたみたいよ。

現代語訳は145ページ

しく、潮海のほとりにてあざれあへ《エ》り。
腐るはずのない海のほとりでふざけあっている

＊県…国司として地方官を勤めること。
＊解由…事務引き継《つ》ぎが行われたことを証明する書類。
＊馬のはなむけ…旅立つ人の無事を祈って行う送別の宴会《えんかい》。

旅の安全を祈る「馬の鼻向《はなむ》け」を船旅で行うとか、「鯘《あざ》る（＝腐《くさ》る）」に「戯《あざ》る（＝ふざける）」を掛《か》けたシャレとか、言葉遊びも盛り込《こ》まれているよ。

覚えておきたい語句

いささかなり…**形動** ほんの少し
年ごろ…**名** 数年来
ののしる…**動** 人々が騒《さわ》ぎ立てる
いと…**副** とても
あやし…**形** 不思議だ・妙《みょう》だ

おさえておきたい文法

文語特有の助動詞（↓152ページ）
すなる（するという・伝聞）
してみむ（してみよう・意志）
乗るべきところ（乗るはずの所・当然）
くらべつる（親しく付き合ってきた・完了《かんりょう》）
夜更けぬ（夜が更けた・完了）

作品紹介《しょうかい》

平仮名で書かれた最初の日記。作者は紀貫之。平安時代の九三五年ごろには成立したといわれる。当時、仮名は女性が使うものだった。貫之は、女性が書いたということにして、国司として赴任《ふにん》していた土佐国《とさのくに》（現在の高知県）を離《はな》れ、京に戻《もど》るまでの道中の出来事や情景などを記した。

その他の有名な作品

のちの時代まで影響《えいきょう》を与《あた》えた長編物語

源氏物語《げんじものがたり》

作者 紫式部《むらさきしきぶ》

成立 一〇〇八年には大部分が完成していた。

内容 五四帖《じょう》から成る。天皇の皇子《みこ》として産まれ、輝《かがや》くように美しい貴公子・光源氏《ひかるげんじ》を主人公とする。大きく、次の三部に分けられる。

- 第一部…光源氏の誕生から波乱万丈《ばんじょう》の恋愛遍歴《れんあいへんれき》とその後の栄達。
- 第二部…光源氏の晩年の苦悩《くのう》。
- 第三部…光源氏の息子《むすこ》とされる薫《かおる》の悲恋。

物語全体を流れるしみじみとした趣《おもむき》は、「もののあはれ」と表されている。

▲源氏物語団扇画帖《うちわがじょう》・朝顔巻《あさがおのまき》
（国文学研究資料館所蔵）

現存する最古の歌物語

伊勢物語《いせものがたり》

作者 未詳《みしょう》

成立 九世紀末〜十世紀半ばにかけて少しずつ書き加えられて、現在の形になったとされる。

内容 一二五段から成る。ある「男」を主人公として、その初冠《ういこうぶり》（＝元服《げんぷく》）から臨終までを、和歌を中心に描《えが》いており、男の恋愛をテーマとした物語が多く収められる。「男」のモデルは、美男としても歌人としても名高い**在原業平**《ありわらのなりひら》とされる。各話の多くが「昔、男ありけり。」の書き出しで始まる。

▲伊勢物語絵巻
（国文学研究資料館所蔵）

憧《あこが》れと現実を見つめた日記

更級日記《さらしなにっき》

作者 菅原孝標女《すがわらのたかすえのむすめ》

成立 一〇六〇年ごろ

内容 五十代で夫と死別したあとに、十代のころからの約四十年間を回想して書いたもの。作者は、『源氏物語』を読みふけり、物語の世界に憧れる夢見がちな少女時代を過ごした。しかし、宮仕えや結婚《けっこん》を通して現実の平凡《へいぼん》さを知り、少女のころの憧れは次第に失われていく。やがて信仰《しんこう》に目覚め、来世を願うまでの過程が描かれている。

十三歳《さい》のときに父の赴任地《ふにんち》・上総国《かずさのくに》(千葉県)から京まで旅した記録もあるよ！

日本最大の説話集

今昔物語集《こんじゃくものがたりしゅう》

編者 未詳

成立 一一二〇年ごろ

内容 一〇〇〇話を超《こ》える説話を、天竺《てんじく》(インド)、震旦《しんたん》(中国)、本朝(日本)の三部に分けて、全三一巻に収める。現存していない巻も存在する。各話は「今は昔」で書き起こされ、多くが「となむ《(ン)》語り伝へ《(エ)》たるとや」でしめくくられる。仏教説話と世俗《せぞく》説話から成り、仏教説話には、仏教の教えを伝える教訓的な内容が多い。一方で、貴族や僧侶《そうりょ》、武士、庶民《しょみん》、さらに、妖怪《ようかい》たちのありさままでも生き生きと描いた多彩《たさい》な世俗説話も収められている。

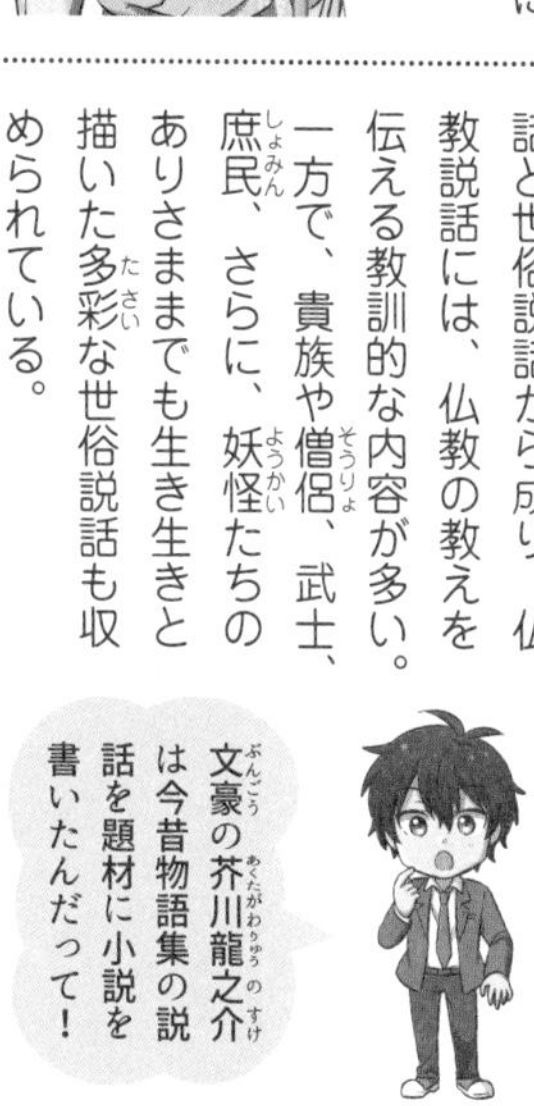
文豪《ぶんごう》の芥川龍《あくたがわりゅう》之《の》介《すけ》は今昔物語集の説話を題材に小説を書いたんだって！

01 和歌とは

うーん
どうしたの？
土佐《とさ》日記の感想をSNSで投稿《とうこう》しようとしたんだけど
140字じゃ
ハァ
足りん
字数オーバーしちゃって
少ない字数で伝えたいなら
和歌にするのはどう？
和歌？
和歌って五・七・五・七・七の？
そう！
日本に古くからある詩歌で
三十一音で思ったことを表現したの
ムリじゃね？
たとえば四季折々の景色や自然の美しさとか
ひさかたの
光のどけき
春の日に
しづ心なく
花の散るらむ
紀友則《きのとものり》
はかない…

恋《こい》の喜びや悲しみや苦しみとか
わかりやすいなー
隠《かく》してたのに
恋してるのバレた！
忍《しの》ぶれど
色に出《い》でにけり
わが恋は
ものや思ふと
人の問ふまで
平兼盛《たいらのかねもり》
ロマンチック！
和歌にはいろいろなテクニックがあって
これらを駆使《くし》して自分の思いや感じたことを詠《よ》んだの
句切れ
枕詞《まくらことば》
序詞《じょことば》
掛詞《かけことば》
縁語《えんご》
本歌取り
体言止め
へぇ〜〜
平安時代の貴族たちは上手な和歌を詠めると出世ができたり
届きましたよ
まあ！
恋人を射止《いと》めることができたりしたんだよ
和歌の腕《うで》めっちゃ大事じゃん！
スゲー!!
文字数は少なくても可能性は無限大ね！

★和歌は、もともと中国で古くから作られていた漢詩に対して、日本古来の定型歌のことをいう。「やまとうた」とも呼ばれる。

①和歌の形式

五音と七音のリズムを持つ定型の歌。特に、「五・七・五・七・七」の「短歌」が中心的な形式である。

②和歌の表現技法

和歌には、次のような表現技法がある。

- 句切れ…歌の意味の切れ目。
  ▼二句・四句切れ…五七調。『万葉集《まんようしゅう》』に多い。
  ▼初句・三句切れ…七五調。『古今《こきん》和歌集』『新古今《しんこきん》和歌集』に多い。
- 枕詞《まくらことば》…決まった語を導き出すための修飾語《しゅうしょくご》。主に五音から成る。訳す必要はない。（↓154ページ）

例 **ちはやぶる　神代《かみよ》もきかず　竜田川《たつたがは》（ワ）　からくれなゐ（イ）に　水くくるとは**　在原業平《ありわらのなりひら》（『古今和歌集』）

- 序詞《じょことば》…ある語を導き出すために創作された修飾句。七音以上から成る。

和歌の形式にはほかに、長歌・旋頭歌《せどうか》・仏足石歌《ぶっそくせきか》もあったのだけど、次第にすたれてしまったよ。
五七調は重々しい感じ、七五調は軽やかな感じになるよ。

例 みかの原　わきて流るる　泉川《いづみがは(ズ)(ワ)》　いつ見きとてか　恋し《こひ(イ)》かるらむ　藤原兼輔《ふじわらのかねすけ》(『新古今和歌集』)

● 掛詞《かけことば》…同音異義の語を利用して、一つの語に二つの意味を持たせる技法。(→154ページ)

例 花の色は　うつりにけりな　いたづ(ズ)らに　わが身世にふる（経《ふ》る／降る）　ながめ（眺《なが》め／長雨）せしまに　小野小町《おののこまち》(『古今和歌集』)

● 縁語《えんご》…ある語を中心に、それと関連(縁)のある語を織り込《こ》む技法。

例 唐衣《からころも》　きつつなれにし　つましあれば　はるばるきぬる　旅をしぞ思ふ　在原業平(『古今和歌集』)

※「き(着)」・「なれ(萎れ)」・「つま(褄〔=着物のすそ〕)」・「はる(張る)」が「衣」の縁語。

● 本歌取り…有名な古歌(本歌)を取り入れ、新しい歌を作る技法。

例 橘《たちばな》の　にほふ《(オ)(ウ)》　あたりの　うたた寝《ね》は　夢も昔の　袖《そで》の香《か》ぞする　藤原俊成女《ふじわらのとしなりのむすめ》(『新古今和歌集』)

[本歌]五月《さつき》まつ　花橘の　香をかげば　昔の人の　袖の香ぞする　読み人しらず(『古今和歌集』)

● 体言止め…句末を体言(名詞《めいし》)で止めて、余韻《よいん》を残す技法。

例 大江《おほえ(オ)》山　いく野の道の　遠《とほ(オ)》ければ　まだふみもみず　天《あま》の橋立《はしだて》　小式部内侍《こしきぶのないし》(『金葉《きんよう》和歌集』)

あかねさす　紫《むらさき》野《の》行《ゆ》き標《しめ》野《の》行《ゆ》き　野《の》守《もり》は見ずや　君が袖《そで》振《ふ》る

額田王《ぬかたのおおきみ》

現代語訳　むらさき草が広がる、高貴な方しか立ち入りを許《ゆる》されない野をあちこち行き来し、その番をする野守がきっと見るでしょう。あなたが私に向かって袖を振るのを。

額田王《ぬかたのおおきみ》は夫・天智天皇《てんじ》の宴会《えんかい》で
大海人皇子もご一緒《いっしょ》に
元夫・大海人皇子《おおあまのおうじ》に向けて歌を詠《よ》んだ
夫
元夫
ああ、かつて愛した人…！
番人
…
そんなに袖《そで》を振《ふ》っては野の番人に見られてしまうわ…！
アハハ
これに対して大海人皇子が返歌を詠み、宴《うたげ》は大盛り上がり！
すてき〜♡
お見事！
ちなみに大海人皇子は天智天皇の弟である
大成功☆

韓衣《からころむ》　裾《すそ》に取り付き　泣く子らを　置きてそ来《き》ぬや　母《おも》なしにして　防人《さきもり》の歌

現代語訳

韓衣の裾をつかんですがって泣く子どもたちを置いてきてしまったよ。母親もいないというのに。

防人《さきもり》の仕事は基本三年だが
帰ることを許されないこともあると聞く
防人…飛鳥《あすか》〜平安時代に北九州沿岸の防衛にあたった兵士
裾《すそ》をつかんですがって泣く子どもたちを
置いてきたのが心残りだ
あの子たちには母親もいないのに…!
主に関東から集められた防人たちは
このように故郷の家族を思って歌を残した

春過ぎて　夏来《きた》るらし　*白たへ（エ）の　衣《ころも》干したり　*天《あめ》の香具山《かぐやま》
持統天皇《じとうてんのう》

東《ひむがし》（ン）の　野に*かぎろひ（イ）の　立つ見えて　かへ（エ）り見すれば　月傾《かたぶ》きぬ
柿本人麻呂《かきのもとのひとまろ》

銀《しろかね》も　金《くがね》も玉も　なにせむ（ン）に　勝《まさ》れる宝　子に及《し》かめやも
山上憶良《やまのうえのおくら》

*田子《たご》の浦《うら》ゆ　うち出でて見れば　真白にそ　富士《ふじ》の高嶺《たかね》に　雪は降りける
山部赤人《やまべのあかひと》

新《あらた》しき　年の初めの　初春《はつはる》の　今日降る雪の　*いやしけ吉事《よごと》
大伴家持《おおとものやかもち》

読解のポイント

これらの和歌は、『万葉集《まんようしゅう》』の中でも、特に代表的な歌人が詠《よ》んだものだよ。

名前を聞いたことがある人が何人かいるかも……。柿本人麻呂とか？

柿本人麻呂や山部赤人は、のちの時代の人に「歌聖《うたのひじり》」とたたえられた歌人なの。

山上憶良の和歌は、子どもを大切に思う気持ちがすごく伝わってくるね。

現代語訳は145ページ

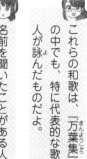

＊白たへ…色が白いこと。
＊かぎろひ…明け方、東の方角に差す光。
＊田子の浦…静岡県駿河湾《するがわん》の海岸。
＊天の香具山…奈良県にある山。
＊いや…ますます。

気持ちを素直《すなお》に詠んでいるのが、『万葉集』の特徴《とくちょう》の一つね。

覚えておきたい語句

なにせむに…**どうして～か、いや～ない**
及く…動 **及《およ》ぶ・匹敵《ひってき》する**
やも…助 **～だろうか、いや～ない**
ゆ…助 **～を通って**
しく…動 **度重なる**

おさえておきたい文法

文語特有の助動詞（↓152ページ）
来るらし（来たらしい・推定）
干したり（干してある・存続）
傾きぬ（傾《かたむ》いてしまった・完了《かんりょう》）
降りける（降っていることだ・詠嘆《えいたん》）
係り結び（↓21ページ）
真白にそ～降りける（強意）

作品紹介《しょうかい》

現存する最古の和歌集。大伴家持が、編者の一人として深く関わったと考えられている。**奈良時代末期**に現在の形にまとめられたとされ、天皇・貴族・庶民《しょみん》など、幅広《はばひろ》い階層から採られた約四五〇〇首を、全二〇巻に収める。**素朴《そぼく》で力強い歌風**が、「**ますらをぶり**」と呼ばれる。

03 古今和歌集

世の中に　絶えて桜の　なかりせば　春の心は　のどけからまし

在原業平《ありわらのなりひら》

現代語訳

この世の中に、もしも桜というものがなかったならば、春を過ごす人々の心はのんびりとしているのだろうに。

交野《かたの》（大阪）渚《なぎさ》の院
ガヤ
ガヤ
みんな酒と和歌に夢中だなぁ
惟喬親王《これたかしんのう》
どれ私も一つ
在原業平
この世に桜がなかったなら
桜が咲《さ》くのを待ち望むことも散るのを悲しむこともないので
春を過ごす人の心はのんびりしているだろうなぁ
桜は散るからいいんじゃないですか～
ひょこ
え～

うたた寝《ね》に　恋《こひ（イ）》しき人を　見てしより　夢てふ《（チョウ）》ものは　頼《たの》みそめてき

小野小町《おののこまち》

現代語訳　うたた寝に見た夢に恋しいあの人の姿を見てから、夢というものをあてにしはじめるようになってしまった。

*年のうちに　春は来にけり　*ひととせを　去年《こぞ》とやいは《(ワ)》む《(ン)》
今年とやいは《(ワ)》む《(ン)》
在原元方《ありわらのもとかた》

袖《そで》ひちて　むすびし水の　こほ《(オ)》れるを　*春立つけふ《(キョウ)》の
風やとくらむ《(ン)》
紀貫之《きのつらゆき》

春の夜の　闇《やみ》はあやなし　梅の花　色こそ見えね　香やは隠《かく》るる
凡河内躬恒《おおしこうちのみつね》

秋来ぬと　目にはさやかに　見えねども　風の音にぞ
おどろかれぬる
藤原敏行《ふじわらのとしゆき》

思ひ《(イ)》つつ　寝《ぬ》ればや人の　見えつらむ《(ン)》　夢と知りせば
覚めざらましを
小野小町《おののこまち》

読解のポイント

次は、『古今《こきん》和歌集』の代表的な歌人が詠《よ》んだ和歌を紹介《しょうかい》するよ！

小野小町の歌、すてき……。好きな人のことを思っていたから、その人が夢に現れたなんて♡

小野小町は恋多き女性で、とても美しい人だったといわれているの。当時は、和歌で恋人や好きな人に思いを伝えていたから、『古今和歌集』にも恋の歌がたくさん収められているよ。

現代語訳は146ページ

＊年のうちに　春は来にけり…「春は来にけり」は立春が来たこと。陰暦《いんれき》では、新年を迎《むか》える前に立春になることがあった。
＊ひととせ…一年。一年間。　＊春立つ…春になる。立春になる。

ここで紹介した以外に、在原業平《ありわらのなりひら》・僧正遍昭《そうじょうへんじょう》・大友黒主《おおとものくろぬし》など、有名な歌人がまだまだたくさんいるよ。

覚えておきたい語句

むすぶ…**動** **水を両手ですくう**
あやなし…**形** **筋が通らない・わけがわからない**
さやかなり…**形動** **はっきりしている**
おどろく…**動** **はっと気づく**
AせばBまし…**AならばBなのに**

おさえておきたい文法

文語特有の助動詞（↓152ページ）
おどろかれぬる（気づかされた・自発＋完了《かんりょう》）
覚めざらましを（目覚めなかったのに・打ち消し＋反実仮想）
係り結び（↓21ページ）
色こそ見えね（強意）
香やは隠るる（反語）

作品紹介《しょうかい》

九〇五年に**醍醐《だいご》天皇**の命で撰進《せんしん》された**最初の勅撰《ちょくせん》和歌集**。**紀貫之・紀友則《きのとものり》・壬生忠岑《みぶのただみね》・凡河内躬恒**が撰者を務めた。約一一〇〇首を、春・夏・秋・冬・恋などのテーマに分けて（**部立《ぶだて》**）、全二〇巻に収める。**技巧《ぎこう》的で、繊細《せんさい》・優美な歌風**が、**「たをやめぶり」**と呼ばれる。

春の夜の　夢の浮橋《うきはし》　とだえして　峰《みね》に別るる　横雲の空

藤原定家《ふじわらのさだいえ》

現代語訳

春の夜の短くはかない夢が途絶《とだ》えて、見てみると、横雲が山の峰から別れていく夜明けの空であることだよ。

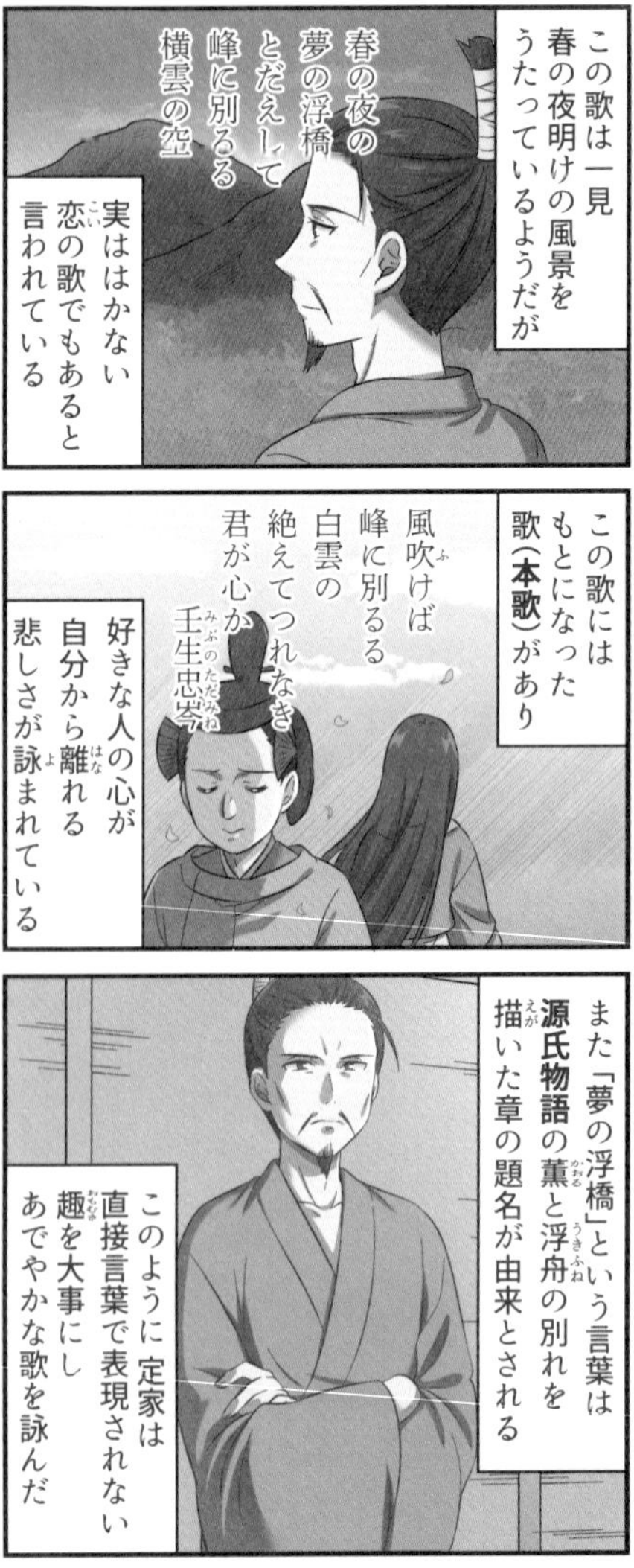
この歌は一見春の夜明けの風景をうたっているようだが
春の夜の夢の浮橋とだえして峰に別るる横雲の空
実ははかない恋《こい》の歌でもあると言われている
この歌にはもとになった歌（本歌）があり
風吹《ふ》けば峰に別るる白雲の絶えてつれなき君が心か
壬生忠岑《みぶのただみね》
好きな人の心が自分から離《はな》れる悲しさが詠《よ》まれている
また「夢の浮橋」という言葉は源氏物語の薫《かおる》と浮舟《うきふね》の別れを描《えが》いた章の題名が由来とされる
このように定家は直接言葉で表現されない趣《おもむき》を大事にしあでやかな歌を詠んだ

心なき　身にもあは《(ワ)》れは　知られけり　鴫《しぎ》立つ沢《さは(ワ)》の　秋の夕暮《ゆふぐれ(ウ)》

西行《さいぎょう》

現代語訳

ものの情緒《じょうちょ》を感じることのない出家の身にも、このしみじみとした趣《おもむき》は自然と感じられることだ。鴫が飛び立つ沢《さわ》の、秋の夕暮れよ。

山深み　春とも知らぬ　松の戸に　たえだえかかる　雪の＊玉水《たまみづ》（ズ）
式子内親王《しょくしないしんのう》

見わたせば　山もとかすむ　＊水無瀬川《みなせがは》（ワ）　夕べは秋と　なに思ひ（イ）けん
後鳥羽上皇《ごとばじょうこう》

むかし思ふ（ウ）　＊草の庵《いほり》（オ）の　夜《よる》の雨に　涙《なみだ》な添《そ》へ（エ）そ　＊山郭公《やまほととぎす》
藤原俊成《ふじわらのとしなり》

寂《さび》しさは　その色としも　なかりけり　＊槙《まき》立つ山の　秋の夕暮《ゆふぐれ》（ウ）
寂蓮《じゃくれん》

見わたせば　花も紅葉《もみぢ》（ジ）も　なかりけり　＊浦《うら》の苫屋《とまや》の　秋の夕暮
藤原定家《ふじわらのさだいえ》

読解のポイント

今度は、『新古今《しんこきん》和歌集』の代表的な歌人が詠《よ》んだ和歌。特徴《とくちょう》の一つに、体言止めが多く使われていることが挙げられるよ。

確かに、上の五首のうち四首が体言止めだ！

寂蓮と藤原定家、そして91ページで紹介《しょうかい》した西行《さいぎょう》の歌は、どれも「秋の夕暮」で終わっているでしょ。この三首は、「三夕《さんせき》の歌」として有名よ。

現代語訳は146ページ

＊玉水…しずく。
＊水無瀬川…大阪府北部を流れる淀川《よどがわ》の支流。
＊草の庵…草ぶきの質素な住まい。
＊山郭公…ほととぎす。
＊槙…杉《すぎ》やひのきのような常緑樹。
＊浦の苫屋…海岸にある、苫（むしろ）で屋根をふいた粗末《そまつ》な小屋。

「秋の夕暮」で終わる和歌はほかにもあるけど、寂蓮・定家・西行のものが特に評価が高いよ。

覚えておきたい語句

～み…（主に形容詞について）～ので

たえだえ…副 途切《とぎ》れ途切れ

な～そ…副＋助 ～するな

「な～そ」は禁止を表すよ。よく出てくるから覚えておかなきゃ。

おさえておきたい文法

文語特有の助動詞（↓152ページ）

知らぬ（わからない・打ち消し）

思ひけん（思っていたのだろう・過去推量）

なかりけり（ないのだなあ・詠嘆《えいたん》）

文語特有の助詞（↓152ページ）

その色としも（強調）

作品紹介《しょうかい》

後鳥羽上皇の命で撰進《せんしん》された八番目の勅撰《ちょくせん》和歌集。撰者は**源通具**《みなもとのみちとも》・**藤原有家**《ふじわらのありいえ》・**藤原定家**・**藤原家隆**《ふじわらのいえたか》・**藤原雅経**《ふじわらのまさつね》・**寂蓮**。後鳥羽上皇自身も深く関わり、一二〇五年に一応成立した後も、上皇自ら手を加えた。全二〇巻に約二〇〇〇首を収める。幻想《げんそう》的で象徴《しょうちょう》的な、「**幽玄**《ゆうげん》」の歌風が特徴。

ガチャ
こんにちわぁ!?
ヒュン
俳句チャレンジ？
俳句チャレンジ
実施中《じっし》！
～割引券をゲットしよう～
※在庫がなくなり次第終了
何コレ
お題の言葉で俳句を作ってもらう企画よ
一日一句作って、十句できたら三百円割引券をプレゼント！
お客さんに来てもらうためにはこういう企画も必要よね！
何で急に？
コソコソ
最近はやってるからじゃない？
二人もやってみない？
俳句のルールを説明するね
俳句のルール
・基本は五・七・五の十七音で作る。
・季語を入れる。
季語
…季節を表す言葉
おトクになるならやろう！
お手本とかないのかな

有名な俳句だと こういうのがあるよ
山路来て 何やらゆかし すみれ草《ぐさ》 松尾《まつお》芭蕉《ばしょう》
季語（春）
訳 山路を歩いてきたら すみれの花を見つけた 何となく心がひかれることよ
この場合は "すみれ草"が 春の季語なんだね
素朴《そぼく》な感じ がするな
庶民《しょみん》の生活や 旅で 体験したことについて 詠《よ》んだものが多いのよ
やれ打つな 蠅《はえ》が手を摺《す》り 足をする 小林一茶《こばやしいっさ》
季語（夏）
五月雨《さみだれ》や 大河《たいが》を前に 家二軒《にけん》 与謝蕪村《よさぶそん》
季語（夏）
そうなんだ
これでどう？
サッカーの 大会終わり 夏惜《お》しむ
夕立に 肩《かた》を寄せ合う 傘《かさ》の下
私もできた！
いい じゃない！
十日後
十句完成した！
割引券 ちょうだい!!
あー それなんだけど…
キャンペーンが 思ったより人気で 昨日でクーポン なくなっちゃったの
ゴメン!!
ええ～!!

05 俳句とは

☆俳句《はいく》は、もともと和歌や連歌《れんが》から派生した俳諧連歌《はいかいれんが》から起こった。連歌は、和歌を上の句の「五・七・五」と下の句の「七・七」に分けて、複数の人々で交互《こうご》に詠《よ》んでいくというものである。この連歌にこっけいな要素を加えて作られたものを俳諧連歌といった。連歌の第一句の「五・七・五」を「発句《ほっく》」といい、この発句が独立したものが、のちに「俳句」と呼ばれるようになった。ただし、江戸時代までは「俳諧」という呼び方が一般《いっぱん》的である。古文で学ぶ「俳句」は、「俳諧」のことを指す。

① 俳句の形式

「五・七・五」の三句十七音の形式から成り、「季語」と「切れ字」のきまりがある。

② 季語（→155ページ）

句の中に詠み込《こ》んで**季節を表す言葉**のこと。一句の中に、季語を一語入れるきまりになっている。季語が表す季節は陰暦《いんれき》によるので、現代の季節感とずれが生じる場合がある。

例 **草の戸も　住み替《か》は（わ）る代《よ》ぞ　雛《ひな》の家**　松尾芭蕉《まつおばしょう》
→季語…雛　季節…春

五月雨《さみだれ》や　大河《たいが》を前に　家二軒《にけん》　与謝蕪村《よさぶそん》
→季語…五月雨　季節…夏

陰暦の季節を覚えておこう。
春…一～三月
夏…四～六月
秋…七～九月
冬…十～十二月

朝顔に　釣瓶《つるべ》とられて　もらひ(イ)水　加賀千代女《かがのちよじょ》

→季語…朝顔　季節…秋

大根《だいこ》引き　大根で道を　教へ(エ)けり　小林一茶《こばやしいっさ》

→季語…大根引き　季節…冬

③切れ字

句の途中《とちゅう》や句末に用いて、**意味の切れ目を示す**語。切れ字のある部分を「句切れ」といい、句の感動の中心を表す。句切れには、「初句切れ」「二句切れ」「句切れなし」の三種類がある。

・初句切れ

例　春雨《はるさめ》や｜（←切れ字）／ものがたりゆく　蓑《みの》と笠《かさ》　与謝蕪村

・二句切れ

例　五月雨《さみだれ》の　降《ふ》り残《のこ》してや｜（←切れ字）／光堂《ひかりだう》(ドウ)　松尾芭蕉

・句切れなし

例　涼風《すずかぜ》の　曲《まが》りくねつ(ッ)て　来たりけり｜（←切れ字）　小林一茶

「朝顔」は夏のイメージだけど、秋の季語なんだね。

主な切れ字には「や」「よ」「ぞ」「かな」「けり」「らむ」などがあるよ。

平泉《ひらいずみ》(岩手)
ついに来たぞ
ここは奥州藤原氏《おうしゅうふじわら》が栄華《えいが》を誇《ほこ》った土地だった
河合曾良《かわいそら》
松尾芭蕉《まつおばしょう》
初代 清衡《きよひら》
二代目 基衡《もとひら》
三代目 秀衡《ひでひら》
かつては初代清衡・二代目基衡がいた
広大な平泉館《ひらいずみのたち》が建っていたというが
今はもう跡形《あとかた》もない
三代目秀衡の館は田や野原になって金鶏山《きんけいざん》が残るばかりですね

源義経《みなもとよしつね》の館があったという 高館《たかだち》に登ろう
あれは北上《きたかみ》川ですか？
そうだ
支流の衣《ころも》川が和泉《いずみ》が城を巡《めぐ》ってこの高館のそばで北上川に合流しておるぞ
義経や家来たちはこの高館にこもり
義経の兄・頼朝《よりとも》の命令を受けた奥州藤原氏四代目泰衡《やすひら》と戦ったのだ
しかし彼らが勇敢《ゆうかん》に戦った功名も一時のことで
その跡はもはや草むらとなっている
自然は年月が流れても変わらずに存在しているが人の世の営みはほんの一瞬《いっしゅん》で消えてしまう
夏草や 兵《つはもの》どもが 夢の跡
はかないことだ…

06 おくの細道 ―夏草―

*三代の栄耀《ええう(ヨウ)》一睡《いつ(ッ)すい》の中《うち》にして、大門の跡《あと》は*一里こなたに有《あり》。秀衡《ひでひら》
奥州藤原氏三代の栄華も、長い歴史の中では一瞬のもので　秀衡の
が跡は田野になりて、*金鶏山《きんけいざん》のみ形を残す。先高舘《まづ(ズ)たかだち》にのぼれば、
館の跡は田や野原になって　まず義経の館があった高舘に登ると
*北上川《きたかみがは(ワ)》南部《なんぶ》より流るゝ《る》大河也《たいがなり》。*衣川《ころもがは(ワ)》は和泉《いづ(ズ)み》が城《じやう(ジョウ)》をめぐりて、高舘
見える北上川は、南部地方から流れる大河である　高舘の
の下にて大河に落入《おちいる》。泰衡等《やすひらら》が旧跡《きう(キュウ)せき》は、衣《ころも》が関《せき》を隔《へだ》て南部口《なんぶぐち》をさ
下で北上川に流れ込んでいる　衣が関という関所を間に隔てて南部地方
しかため、*夷《えぞ》をふせぐと見えたり。扨《さて》も義臣すぐつ(ッ)て此城《このじやう(ジョウ)》に籠《こも》り、
との出入口の守りを堅め
功名《こうめい》一時の草村となる。国破れて山河あり、城春にして草青みた
勇敢に戦ったその功名も一時のことで、その跡は草むらとなっている
りと、笠打敷《かさうちしき》て時のうつるまでなみだを落《おと》し侍《はべ》りぬ。

夏草《なつくさ》や兵《つ(ツ)はもの》共《ども》が夢の跡

*卯花《うのはな》に*兼房《かねふさ》みゆる白毛《しらが》かな　　曾良《そら》

読解のポイント

平泉は、平安時代末期に奥州藤原氏が栄華を極めた地だったの。でも、源平合戦《げんぺい》（→52ページ）で活躍《かつやく》した源義経が、兄の源頼朝《みなもとのよりとも》と対立して平泉に逃《のが》れたことがきっかけで、頼朝によって滅《ほろ》ぼされてしまったの。

義経も、平泉で戦って亡《な》くなったんですよね。

そう。芭蕉《ばしょう》は、義経の住まいがあったとされる高舘や、藤原氏の館の跡を巡《めぐ》って昔に思いをはせたの。

現代語訳は147ページ

＊三代の栄耀…奥州藤原氏《おうしゅうふじわら》の清衡《きよひら》・基衡《もとひら》・秀衡三代による栄華《えいが》。
＊一里…約三・九キロメートル　＊金鶏山…岩手県の平泉にある山。
＊北上川・衣川…岩手県を流れる川。衣川は、平泉《ひらいずみ》で北上川に合流する。
＊夷…東北地方に住み、朝廷の支配に抵抗《ていこう》した人々。
＊卯花…ウツギ。初夏に白い花が咲《さ》く。
＊兼房…源《みなもとの》義経《よしつね》に最期《さいご》まで付き従ったと伝えられる老武士。

昔は豪華《ごうか》な建物が建っていた場所も、もう跡形もなくなってしまっていたのね。それで芭蕉は人の世のはかなさを感じたんだね。

覚えておきたい語句

こなた…代名 こちら
扨も…接 それにしても
すぐる…動 選び出す・えりぬく
うつる…動 ～時間がたつ・時が過ぎる
～侍り…補動 丁 ～おります・～です・～ます

おさえておきたい文法

文語特有の助動詞（↓152ページ）
見え**たり**（見えている・存続）
落し侍り**ぬ**（落としたのでした・完了《かんりょう》）

作品紹介《しょうかい》

松尾芭蕉によって著《あらわ》された**俳諧《はいかい》紀行文**。一六八九年に弟子の河合《かわい》曾良とともに江戸《えど》を出発し、東北や北陸をめぐって美濃《みの》（現在の岐阜県）に至《いた》り、伊勢《いせ》（現在の三重県）へ旅立つまでの、約一五〇日の道中の様子や感想などを、創作を交じえて記した。

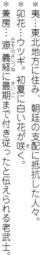

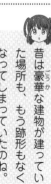

コラム おくの細道 旅のルート

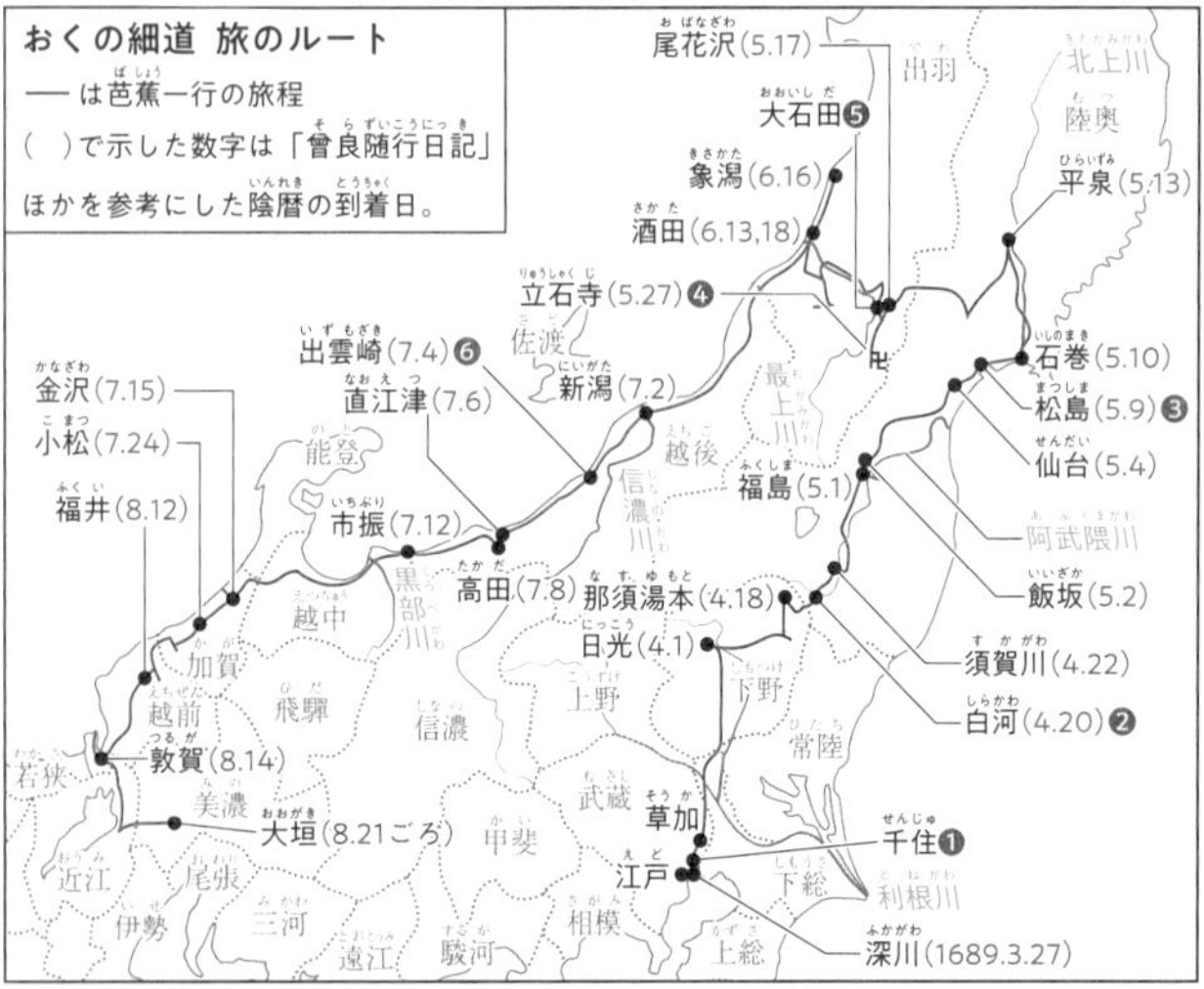

おくの細道 旅のルート
── は芭蕉《ばしょう》一行の旅程
(　)で示した数字は「曾良随行日記《そらずいこうにっき》」
ほかを参考にした陰暦《いんれき》の到着日《とうちゃく》。
尾花沢《おばなざわ》(5.17)
大石田《おおいしだ》❺
象潟《きさかた》(6.16)
酒田《さかた》(6.13,18)
立石寺《りゅうしゃくじ》(5.27)❹
出雲崎《いずもざき》(7.4)❻
新潟《にいがた》(7.2)
直江津《なおえつ》(7.6)
金沢《かなざわ》(7.15)
小松《こまつ》(7.24)
福井《ふくい》(8.12)
市振《いちぶり》(7.12)
高田《たかだ》(7.8)
那須湯本《なすゆもと》(4.18)
日光《にっこう》(4.1)
敦賀《つるが》(8.14)
大垣《おおがき》(8.21ごろ)
草加《そうか》
千住《せんじゅ》❶
江戸《えど》
深川《ふかがわ》(1689.3.27)
平泉《ひらいずみ》(5.13)
石巻《いしのまき》(5.10)
松島《まつしま》(5.9)❸
仙台《せんだい》(5.4)
福島《ふくしま》(5.1)
阿武隈川《あぶくまがわ》
飯坂《いいざか》(5.2)
須賀川《すかがわ》(4.22)
白河《しらかわ》(4.20)❷
出羽
北上川
陸奥
佐渡
最上川
越後
能登
信濃川
黒部川
越中
加賀
越前
飛騨
信濃
上野
下野
常陸
若狭
美濃
武蔵
甲斐
下総
利根川
近江
尾張
三河
伊勢
遠江
駿河
相模
上総

▲奥州《おうしゅう》への入り口──白河関《しらかわのせき》の跡《あと》…❷

▲芭蕉が風景を絶賛した松島…❸

月日は百代《はくたい》の過客《くわかく》(カ)にして、行《ゆき》かふ(ウ)年も又《また》旅人也《なり》。舟《ふね》の上に生涯《しやうがい》(シャウ)をうかべ、馬《むま》の口とらへ(エ)て老《おい》をむかふ(ウ)るものは、日々《ひび》旅にして旅を栖《すみか》とす。古人も多く旅に死せるあり。

これは、『おくの細道《ほそみち》』の冒頭《ぼうとう》だよ。芭蕉は尊敬する昔の詩人や歌人たちが、旅をしながら一生を送ったことに憧《あこが》れて、自分もそういう生き方がしたいと思っていたの。

二四〇〇キロメートルくらいの道のりを、約一五〇日で巡《めぐ》ったんだって!

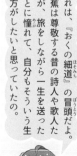

■『おくの細道』の道中で詠《よ》まれた主な俳句

各句の番号は、地図に対応している。

行《ゆ》く春や　鳥啼《な》き魚《うを（オ）》の　目は涙《なみだ》　…❶

訳 過ぎ行く春との別れを惜《お》しんで、鳥は悲しそうに鳴き、魚の目には涙が浮《う》かんでいるよ。

季語…**行く春**　季節…**春**

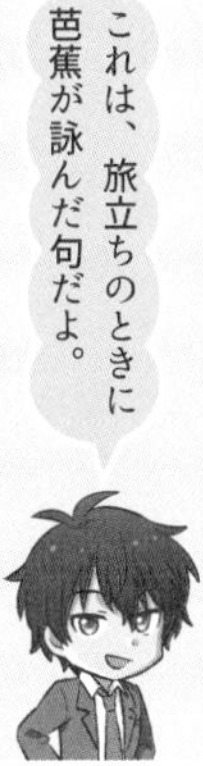

閑《しづ（ズ）》かさや　岩にしみいる　蝉《せみ》の声　…❹

訳 立石寺《りゅうしゃくじ》の静けさよ。蝉の鳴き声だけが、岩にしみ入っていくかのようだ。

季語…**蝉**　季節…**夏**

▲立石寺の開山堂・納経堂

五月雨《さみだれ》を　集めて早し　最上川《もがみがは（ワ）》　…❺

訳 梅雨《つゆ》時の雨水を集めたように、勢いよく流れていく最上川よ。

季語…**五月雨**　季節…**夏**

▲最上川

荒海《あらうみ》や　佐渡《さど》によこたふ（ウ）　天《あま》の河《がは（ワ）》　…❻

訳 荒々しい日本海の向こうに佐渡島《さどがしま》がある。その佐渡島に向かって天の川が横たわっていることよ。

季語…**天の河**　季節…**秋**

▲佐渡島の天の川

コラム 人物紹介②

その他の有名な俳人

①与謝蕪村《よさぶそん》

春の海　ひねもすのたり　のたりかな

訳 春ののどかな海は、一日中穏《おだ》やかにのたりのたりとしているよ。

季語…**春の海**　季節…**春**

菜の花や　月は東に　日は西に

訳 一面に菜の花畑が広がり、夕方、月が東から昇《のぼ》ってきて、日は西へと沈《しず》んでいく。

季語…**菜の花**　季節…**春**

牡丹《ぼたん》散《ち》て　打《うち》かさなりぬ　二三片《にさんぺん》

訳 牡丹の花が散って、その大きな花びらが二、三片、重なり合って落ちている。

季語…**牡丹**　季節…**夏**

夕だちや　草葉をつかむ　むら雀《すずめ》

訳 夕立がやってきた。群れをなす雀たちは、慌《あわ》てて草むらをつかんで隠《かく》れて、雨宿りしようとしている。

季語…**夕だち**　季節…**夏**

絵も描《か》いていました
芭蕉大好き！
奥《おく》の細道画巻

②小林一茶《こばやしいっさ》

雪とけて　村いっぱいの　子ども哉《かな》

訳 雪国の長い冬が終わり雪解けを迎《むか》えて、子どもたちが村じゅう遊びまわっているよ。

季語…雪とけて（＝**雪どけ**）　季節…**春**

痩蛙《やせがへる》（エ）　まけるな一茶　是《これ》に有《あり》

訳 痩せ蛙よ、負けるなよ。ここに一茶がついて、おまえを応援《おうえん》しているぞ。

季語…**痩蛙**　季節…**夏**

目出度《めでた》さも　ちう《（チュウ）》位也《くらゐなり（イ）》　おらが春

訳 正月のめでたさも、いい加減なものだ。わしの新春は。

季語…**おらが春**　季節…**春**

是がまあ　つひ《（イ）》の栖《すみか》か　雪五尺《ごしゃく》

訳 やっと帰ってきた故郷の家は、雪が五尺も降り積もっている。ここがまあ、最後のすみかになるのだなあ。

季語…**雪**　季節…**冬**

その後 火事で家を失い
え〜
土蔵で暮らすことに

漢文

今日はここで晩ご飯食べようよ
いいね
ん？
お楽しみディナー
漁夫《ぎょふ》の利 ¥1,200
守株《しゅしゅ》 ¥1,200
登竜門《とうりゅうもん》 ¥1,400
蛇足《だそく》 ¥1,50
お楽しみディナー？何の料理が出るんだ？
これ故事成語だよね
あー…
慣用句と一緒《いっしょ》に習ったな
そのとおり！
お客さんにこの中から故事成語を選んでもらって
漁夫の利
チキンと二枚貝のパエリア
守株
うさぎのオムライス
故事成語にまつわるエピソードから連想した料理を私が作るの
故事成語のエピソード？

故事成語は中国の古典に由来する言葉なの
漢文を読めばその言葉にまつわる出来事・伝説・たとえ話などがわかるよ
漢文…
漢文かぁ…
漢文に苦手意識があるみたいだね
基本から確認《かくにん》しようか
お願いします!!
日本語にはもともと文字がなかったのは知ってる?
中国から漢字が伝わってそれを使うようになったんだよね
それで平安時代に漢字から平仮名と片仮名が生まれたんだったっけ
万葉仮名
平仮名・片仮名
安 → あ
阿 → ア
そう
だから奈良時代に書かれた万葉集《まんようしゅう》の和歌は漢字で書かれていたのよ
漢字の音を使って日本語を表記したよ
あ、万葉仮名で作った文は漢文とは違《ちが》うよ

つまり日本人は中国の文献《ぶんけん》で国の制度や文化について学んでいたのね
ほへー
なるほど
そして中国と同じように漢字だけを使って公的な文章を書いていたの
漢文は日本の文化の土台になっているってことか
!
そう!
でもひとつ問題があってね…
こわ…
えっ 何?
中国語と日本語では文法が違うから
漢文をそのまま読んでも日本語として読むことはできなーい!!
ぴぎゃあああ!

そこで！
訓点《くんてん》（返り点や送り仮名）という文字や符号《ふごう》を漢字の下につけて書き下し文という形で日本語として読めるようにしたんだよ
中国語（白文）
我読書。
訓点つき
我読ム書ヲ。
送り仮名
返り点
レ
日本語（書き下し文）
我《われ》書《しょ》を読む
よ よかったー…
そういう経緯《けいい》がわかると
漢文にも興味湧《わ》くなぁ
でも その前にそろそろ注文しない？
そうだね
せっかくだし何が出てくるか当ててみようぜ
わいわい
クスクス
私が正解したらデザートおごってね
なっ⁉

02 訓読のきまり①

★もともと中国の文法をもとにした漢文を日本語として読むために、さまざまなきまりがある。

① 訓点

漢文で、漢字だけで書かれた文章（白文《はくぶん》）の下につけられた、返り点・送り仮名・句読点を訓点といい、訓点にしたがって漢文を読むことを訓読という。

② 送り仮名

活用語の活用語尾《ごび》や、助詞、助動詞などを示すために片仮名で表す。**歴史的仮名遣《かなづか》いを用いて、必ず漢字の右下につける。**

山 河 在リ

この片仮名で書かれた「リ」が送り仮名だね。

③ 返り点

日本語として読める語順を示すためにつける符号《ふごう》。**必ず漢字の左下につける。**

返り点には、次のような種類がある。

- レ点…すぐ上の一字に返る。

  例 ①王ハ ③好ムレ ②戦ヒヲ。 →王は戦ひを好む。

- 一・二点、一・二・三点…二字以上隔《へだ》てた上の字に返る。

「好」↓「戦」と書いてあるけど、読むときは「戦」↓「好」の順になるんだね。

例 ①天②帝⑦使ム三③我ヲシテ⑥長タラ二④百⑤獣ニ一。 →天帝《てんてい》我をして百獣《ひゃくじゅう》に長《ちょう》たらしむ。

●上・下点、上・中・下点…一・二点を用いた句を挟《はさ》んで、さらに上の字に返る。

例 ⑨有リ下③以ツテ二①千②金ヲ一⑦求ムル二④千⑤里ノ⑥馬ヲ一⑧者上。 →千金を以《も》つて千里の馬を求むる者有り。

●一㆑、上㆑…レ点とほかの返り点とを併用《へいよう》したもの。レ→一・二(上・下)点の順に返る。

例 ④不ニ二①亦③無キニアラ一㆑②術⑤乎ヤ。 亦《また》術無きにあらずや。

④漢文の文型

漢文には、次のような基本的な文型がある。

文型	例
主語―述語	大器ハ晩成ス。 →大器は晩成す。
主語―述語―目的語	伯牙破ル㆑琴ヲ。 →伯牙《はくが》琴《こと》を破る。
主語―述語―補語	賈島赴ク㆑挙ニ。 →賈島《かとう》挙に赴《おもむ》く。
主語―述語―目的語―補語	王問フ二政ヲ於孔子ニ一。 →王政《まつりごと》を孔子《こうし》に問ふ。
主語―述語―補語―目的語	我与フ二彼ニ書ヲ一。 →我彼に書を与《あた》ふ。

送り仮名が、「～ヲ」とつくのが目的語、
「～ニ」「～ヘ」などとつくのが補語だよ。

03 訓読のきまり②

① 書き下し文

訓読した漢文を日本語の文章として書いたものを書き下し文といい、書き方にきまりがある。

文語文法にしたがい、歴史的仮名《かな》遣《づか》いで書く。	例 以ツテ与ヘバレ我ニ、皆喪フレ宝ヲ。→以《も》つて我に与《あた》へば、皆《みな》宝を喪《うしな》ふ。
助詞・助動詞にあたる漢字は平仮名で書く。	例 吾非ズレ不ルニレ知ラ。→吾《われ》知らざるに非《あら》ず。
再読文字（↓②）で二度目に読む部分は平仮名で書く。	例 当ニレベシ斬ラル。→当《まさ》に斬《き》らるべし。
置き字（↓③）は読まない。	例 寡人疑ハンレ之ヲ矣。→寡人之《かじんこれ》を疑はん。

② 再読文字

一つの字を二度読む文字のことを再読文字という。一度目は返り点に関係なく漢字の右側を読み、二度目は返り点にしたがって、漢字の左側を動詞か助動詞として読む。

- 未《いまダ》《ず》 いまダ〜ず（まだ〜ない）
- 将《まさニ》《す》（且《まさニ》《す》） まさニ〜〔ソト〕す（今にも〜しようとする）
- 当《まさニ》《べシ》 まさニ〜べシ（当然〜すべきだ）
- 宜《よろシク》《べシ》 よろシク〜べシ（〜するのがよい）

・猶《なホ》《ごとシ》　なホ～〔ガ・ノ〕ごとシ（まるで～のようだ）

③置き字

訓読では読まない字のことを置き字という。文中で用いられる「而・於・于・乎」や、文末で用いられる「矣・焉・也」などが置き字である。

再読文字は書き下し文で、
一度目の読みは漢字、
二度目の読みは平仮名にするよ。

④返読文字

訓読するときに、必ず下から上へ返って読む字のことを返読文字という。

主な返読文字	意味	例
不《ず》・弗《ず》	～ない・～でない（否定）	不《ず》レ知ラレ道ヲ。→道を知らず。
非《あらズ》		富貴ハ非《あらズ》二吾ガ願一ヒニ。→富貴は吾《わ》が願ひに非ず。
無《なカレ》・勿《なカレ》・莫《なカレ》・毋《なカレ》	～するな（禁止）	無《なカレ》レ阿レル世ニ。→世に阿《おもね》る無かれ。
使《しム》・令《しム》・教《しム》・遣《しム》	～させる（使役《しえき》）	使《しム》二人ヲシテ呼一バ。→人をして呼ばしむ。
見《る・らル》・被《る・らル》・為《る・らル》	～れる・～られる（受け身）	隗スラ且ツ見《らル》レ事トセ。→隗《かい》すら且《か》つ事とせらる。
可《ベシ》	～できる・～してよい（可能）	可《ベシ》レ奪レフ帥ヲ。→帥《すい》を奪《うば》ふべし。
欲《ほっス》	～しようとする	花欲《ほっス》レ然エント。→花然《も》えんと欲す。

ズンチャ♪
ズンチャ♪
ズッ
や～まとっ
ビクッ
ぎゃあ!?
いきなり何するんだよ! てか今日おまえ用事あるんじゃ
終わった! それより何聞いてるの?
ラップ
ラップいいよね!
私も八重ちゃんもよく聞くよ
ねえ?
Yeah!
ザッ
何か来た
韻《いん》を踏《ふ》んでいるのおもしろいよね! 古典にも韻を踏むことがとっても大事なジャンルがあるわよ
韻とは同じ音・母音を持つ言葉を繰《く》り返し使う手法。
例　由来(yurai)　図解(zukai)
くい
じーっ
なんれふか?

漢詩だね
絶句　杜甫《とほ》
江《こう》碧《みどりニシテ》鳥逾《いよいよ》白《ク》
山青《クシテ》花欲《ほっスレ》然《もエント》
今春看《みすみす》又《また》過《グ》
何《いづレノ》日《カ》是《これ》帰《き》年《ねんナラン》
こんなカンジ
漢文で書いた詩？
そう！ 漢詩は主に中国の唐《とう》の時代以降の作品を指すことが多いんだけど
風景の美しさや人生の喜び・悲しみなどをうたっているの
そして漢詩のきまりの一つに韻を踏む…
絶句　杜甫《とほ》
江《こう》碧《みどりニシテ》鳥逾《いよいよ》白《ク》
山青《クシテ》花欲《ほっスレ》然《もエント》
今春看《みすみす》又《また》過《グ》
何《いずレノ》日《カ》是《これ》帰《き》年《ねんナラン》
…押韻
つまり押韻《おういん》があるの
へえ おもしろ～い
韻を踏むのって そんな昔からやってたんだ
作者によって個性が違《ちが》うからいろいろ読んでみるといいよ
有名な詩人
孟浩然《もうこうねん》
杜甫《とほ》
李白《りはく》
白居易《はくきょい》
韓愈《かんゆ》
はーい！
漢詩の世

漢詩とは

★漢文で書かれた詩を漢詩という。漢詩は、作られた時期によって大きく古体詩と近体詩に分けられる。古体詩は、中国の唐《とう》の時代（六一八～九〇七年）よりも前から作られてきた詩のことを指す。唐代初期に、詩の形式が整えられて完成したのが近体詩である。ここでは、近体詩について学習する。

①漢詩の形式

漢詩は句数や各句の文字数の違《ちが》いといった形式によって分類する。句数が**四つ**のものを絶句《ぜっく》、**八つ**のものを律詩《りっし》という。また、一句の文字数が**五文字**のものを五言《ごごん》、**七文字**のものを七言《しちごん》という。

絶句	五言絶句	一句が五文字で四句から成る。
	七言絶句	一句が七文字で四句から成る。
律詩	五言律詩	一句が五文字で八句から成る。
	七言律詩	一句が七文字で八句から成る。

②漢詩の構成

漢詩は二句で一つのまとまりを持ち、展開によって次のような構成を持つ。

※●は押韻《おういん》の位置を、──は対句《ついく》を表す。（→③）

絶句

○○○○○　…起句《きく》（一句目。うたい起こす）

○○○○●　…承句《しょうく》（二句目。起句の内容を承《う》ける）

○○○○○…転句《てんく》（三句目。それまでの内容を一転させる）
○○○○●…結句《けっく》（四句目。全体をまとめて結ぶ）

律詩

○○○○○　○○○○●…首聯《しゅれん》（一・二句目。うたい起こす）
○○○○○　○○○○●…頷聯《がんれん》（三・四句目。首聯の内容を承ける）
○○○○○　○○○○●…頸聯《けいれん》（五・六句目。それまでの内容を一転させる）
○○○○○　○○○○●…尾聯《びれん》（七・八句目。全体をまとめて結ぶ）

絶句も律詩も五言詩を例にしているけれど、七言詩でも同じ構成だよ。

③漢詩の技法

- 押韻…漢字の母音をそろえることを「**押韻する**（韻を踏《ふ》む）」という。原則として、五言詩では**偶数**《ぐうすう》句末、七言詩では一句末と偶数句末で押韻する。
- 対句…隣《とな》り合う二つの句の語の構成が同じで、意味的にも対になっているものを対句という。律詩では、第三句・第四句と第五句・第六句をそれぞれ対句にするきまりがある。ただし、それ以外にも対句が用いられている場合がある。

贈《おくル》二孟《もう》浩《こう》然《ねん》一　李白《りはく》

吾《われハ》愛《ス》孟夫《ふう》子《し》　風流天下《ニ》聞《コユ》
紅顔棄《すテ》二軒《けん》冕《べんヲ》一　白首《ニ》臥《ふス》二松雲一
酔《よウテ》レ月《ニ》頻《しきりニ》中《あたリ》レ聖《ニ》　迷《ヒテ》レ花《ニ》不レ事《つかエ》レ君《ニ》
高山安《いずくンゾ》可《べケンヤ》レ仰《あおグ》　徒《ただ》此《ここニ》揖《ゆうス》二清《せい》芬《ふんヲ》一

偶数句末は「聞《ブン》」「雲《ウン》」「君《クン》」「芬《フン》」で、音《おん》がそろっているね！

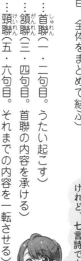

中国の戦国時代
趙《ちょう》が燕《えん》を攻めようとしているらしい
趙は強い困ったな
燕の遊説《ゆうぜい》家
蘇代《そだい》
燕《えん》
趙《ちょう》
斉《せい》
魏《ぎ》
秦《しん》
韓《かん》
楚《そ》
何とかして戦争を止めねば…!
趙の王
恵文王《けいぶんおう》
一つお話してよろしいでしょうか
燕から趙へ向かう道中のことです—
おや? どぶ貝が日に当たっている
ぽや〜〜
あっシギが来た!
あーん
おっうまそう!
いただきま〜す!
ガチンッ
痛っ!?
フンッ!!

おまえ…今日も明日も雨が降らなかったら
離《はな》せよ
もご
死ぬぞ?
もご
そっちこそ今日も明日もくちばしが外に出られなかったら
ギチ ギチ ギチ
死ぬが?
バチ バチ バチ バチ
こんなところにシギと貝が!
やった!
ひょ
しっ
あっ
ポカーン
と漁師が両方捕《と》らえたのです!
趙と燕も争ってたらきっとシギと貝のように強国である秦に攻められるでしょう
これぞ漁夫の利!
わかった攻めるのやめるわ
おまえの言うとおりだ

今《い》者《ま》臣来《き》タリテ過グ二*易《えき》水《すい》ヲ一。*蚌《ばう》*方《まさ》ニ出デテ曝《さら》ス。而《しか》うシテ
*鷸《いつ》啄《ついば》ム二其《そ》ノ肉ヲ一。蚌合シテ而箝《はさ》ム二其ノ喙《くちばし》ヲ一。鷸曰《い》ハク、「今
日不《ず》レ雨フラ、明日不ンバレ雨フラ、即《すなは》チ有ラン二死蚌一。」蚌亦《また》モ
謂《い》ヒテレ鷸ニ曰ハク、「今日不レ出《い》デ、明日不ンバレ出デ、即チ有ラン二
死鷸一。」両者不レ*肯《がへん》ゼ二相舎《す》ツルヲ一。*漁者得テ而
并《あは》セ二擒《とら》フ之《これ》ヲ一。

（『戦国策』）

*易水…中国《ちゅうごく》河北省《かほくしょう》を流れる川の名前。　*蚌…どぶ貝。
*方…ちょうどそのとき。　*鷸…シギ。　*肯…承諾《しょうだく》する。
*漁者…漁師。

書き下し文

今者臣来たりて易水を過ぐ。蚌方に出でて曝す。而して鷸其の肉を啄む。蚌合して其の喙を箝む。鷸曰はく、「今日雨

読解のポイント

故事成語の「漁夫《ぎょふ》の利」のエピソードだね。

106ページで紹介《しょうかい》したように、故事成語は主に中国の古典を由来としていて、歴史的な事実や言い伝えをもとに成立した、教訓を含《ふく》む言葉のことよ。

どぶ貝とシギが意地の張り合いをしているうちに漁師がどっちも捕《つか》まえてしまったなんておもしろいな。

現代語訳は148ページ

ふらず、明日雨ふらずんば、即ち死蚌有らん」と。蚌も亦鷸に謂ひて曰はく、「今日出でず、明日出でずんば、即ち死鷸有らん」と。両者相舎つるを肯ぜず。漁者得て之を并せ擒ふ。

この話から、「漁夫の利」は、「二人が争っている間に別のもう一人が利益を横取りすること」という意味で使われているよ。

覚えておきたい語句

而…そうして・それで
曰…言うことには
即…すぐに・たちまち
亦…～もまた

おさえておきたい文法

置き字（→113ページ）
蚌合而箝其喙。

返読文字（→113ページ）
不雨…雨が降らない

作品紹介《しょうかい》

『**戦国策《せんごくさく》**』という書物に収められた故事。当時の中国は七つの強国が争う**戦国時代**で、なかでも秦《しん》が、特に強大な力を持っていた。「漁夫の利」は、七国の一つ趙《ちょう》が隣国《りんごく》の燕《えん》を討《う》とうとしたときに、両国が争う間にどちらも秦《しん》から攻め滅《ほろ》ぼされてしまうという懸念《けねん》を示したもの。

コラム その他の有名な故事成語

矛盾《むじゅん》

意味 つじつまが合わないこと。

故事 昔、盾《たて》と矛《ほこ》を売る商人がいた。商人は盾の売り文句に、「この盾はとても堅《かた》くて突《つ》き通せるものなどないよ」と言った。また、矛の売り文句に、「この矛はとても鋭《するど》くて、これで突き通せないものはないよ」と言った。それを聞いた人が商人に、「それでは、あなたの矛であなたの盾を突いたらどうなるんですか」と尋《たず》ねた。商人はなんとも答えることができなかった。

五十歩百歩《ごじっぽひゃっぽ》

意味 大きな違《ちが》いのないこと。

故事 隣国《りんごく》の政治と自国の政治と比べる梁《りょう》(魏《ぎ》)の恵王《けいおう》に、思想家・孟子《もうし》がしたたとえ話から。「戦場で五十歩逃《に》げた者が、百歩逃げた者のことを『臆病者《おくびょうもの》だ』と笑ったならば、どう思うか」と孟子が恵王に尋ね、恵王が「どちらも逃げたことに変わりはない」と答えると、恵王の政治は他国と大差がなく、よいものとは言えないと孟子は諭《さと》した。

守株《しゅしゅ》

意味 古いやり方や慣習にこだわって、その場に合わせたやり方に対応できないこと。

故事 昔、ある農民がいた。耕している田んぼの中に、木の切り株《かぶ》があった。あるとき兎《うさぎ》が走ってきて切り株にぶつかり、死んでしまった。農民は、苦労せずに兎を手に入れることができた。そこで、また同じように兎がぶつかることを期待し、農作業をやめて、ひたすら切り株を見守るようになった。しかし、二度と兎がぶつかることはなく、農民は笑い者になった。

蛇足《だそく》

意味 余計なもの。あっても意味がないもの。

故事 ある人に仕える家来たちが、主人から酒をもらった。みんなで分けて飲むには少ないので、「蛇《へび》の絵をいちばん早く描《か》き上げた者が酒を飲めることにしよう」と決めた。一人が真っ先に描き上げ、「私はまだまだ足だって描き足せるぞ」と言って、できあがった蛇の絵に足をつけ加えながら、酒を飲もうとした。すると別の一人が絵を描き上げ、「蛇に足はない。どうして足を描けるのか」と言って、酒を奪《うば》って飲んでしまった。

もう夜明けか
しぱ しぱ
孟浩然《もうこうねん》
春は暖《あたた》かくて気持ちがいいからつい寝過《ねす》ごしてしまうな
私が役人であったなら寝過ごすなんてことないだろうが
ふわあ
唐《とう》の時代 役人は夜明けに出勤していた
若いころ 郷里《きょうり》の山にこもったり旅をしたりしていた孟浩然
三十代のとき就職《しゅうしょく》活動でうまくいかず
就活難しい…
ガックリ
詩人 王維《おうい》
詩の才能あるね
そう？
政治家 張《ちょう》九齢《きゅうれい》
四十代になって 初めて唐《とう》(中国)の首都・長安《ちょうあん》へ出てきたものの

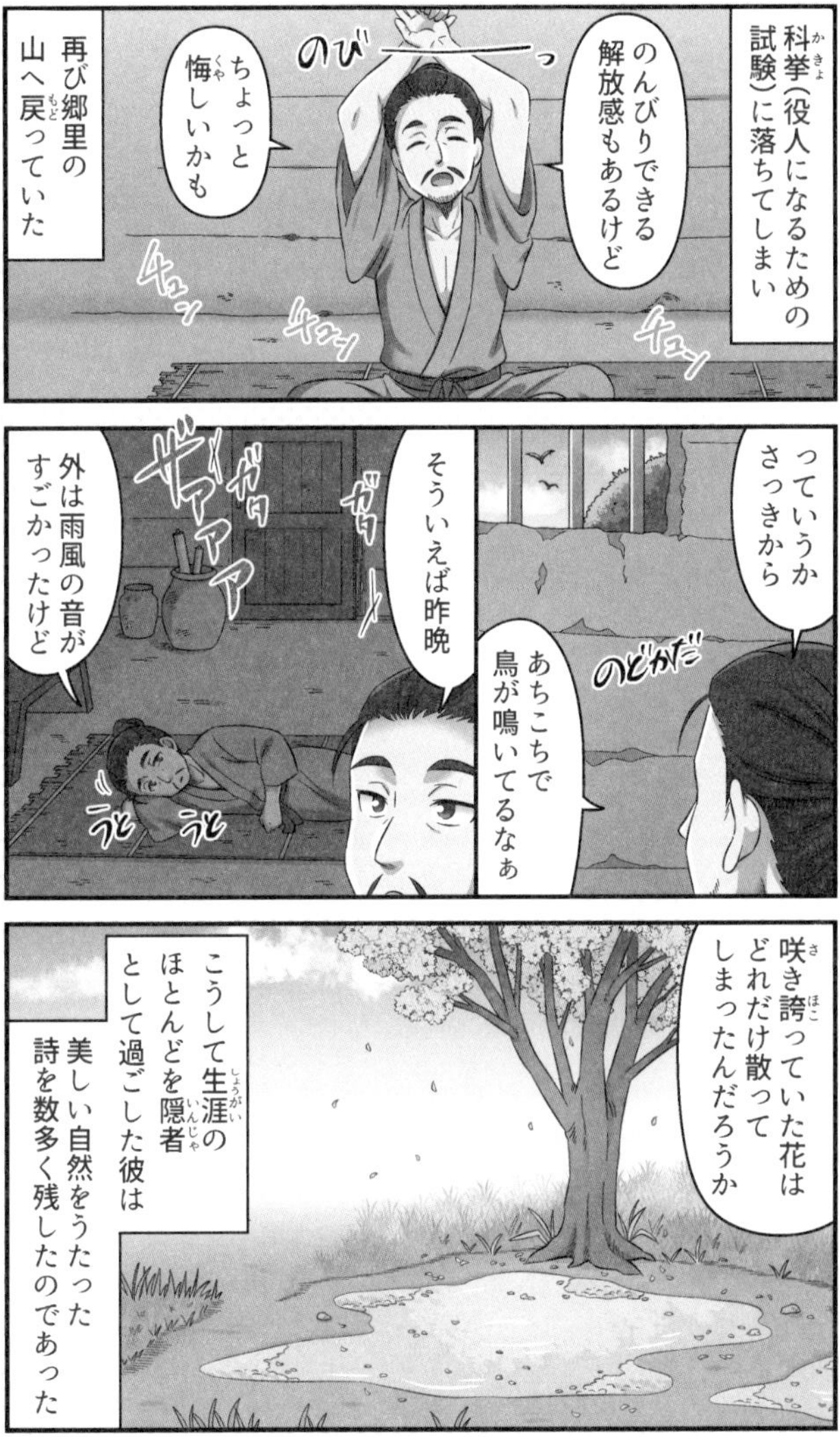
科挙《かきょ》(役人になるための試験)に落ちてしまい
のびーーっ
のんびりできる解放感もあるけど
ちょっと悔《くや》しいかも
再び郷里の山へ戻《もど》っていた
キュン
キュン
キュン
っていうかさっきから
のどかだ
あちこちで鳥が鳴いてるなぁ
そういえば昨晩
ガタ
ガタ
ザァアアア
外は雨風の音がすごかったけど
うと
うと
咲《さ》き誇《ほこ》っていた花はどれだけ散ってしまったんだろうか
こうして生涯《しょうがい》のほとんどを隠者《いんじゃ》として過ごした彼は
美しい自然をうたった詩を数多く残したのであった

*春《しゅん》暁《げう》

孟《まう》浩《かう》然《ねん》

*春《しゅん》眠《みん》不《ず》レ覚《エ》レ暁《あかつき》ヲ
*処《しょ》処《しょ》聞《ク》二*啼《てい》鳥《てう》ヲ一
夜《や》来《らい》風雨ノ声
花落《ツルコト》知《ル》多少

*春暁…春の夜明け。
*春眠…春の気持ちのよい眠《ねむ》り。
*処処…あちこち。いたる所。
*啼鳥…鳥の鳴き声。

書き下し文

春暁　孟浩然

読解のポイント

暖《あたた》かくなると、つい寝過《ねす》ごしちゃうよね。

まさにそんな気持ちをうたったのが、「春暁《しゅんぎょう》」だよ。

「暁を覚えず」だから、夜明けにも気づかないくらいぐっすり眠ってたの？

そう！ そして、寝床《ねどこ》の中で、鳥の鳴き声を聞いたり、昨夜の嵐《あらし》で散ったであろう花を思い浮《う》かべたりしているってわけ。

現代語訳は148ページ

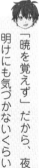

春眠暁を覚えず
処処啼鳥を聞く
夜来風雨の声
花落つること知る多少

のどかな朝だね。いいなあ。

でも孟浩然は役人になれなかったから寝過ごせる生活を送っていたとも言えるの。

そう考えると、なんだかつらいなぁ……。

覚えておきたい語句

夜来…**昨夜**

※「来」は助字。語勢を強めるはたらきがあり、語句の意味にはかかわらない。

多少…**どのくらい**

おさえておきたい文法

返読文字（→113ページ）

不覚暁…夜が明けたことに気づかない

漢詩の形式

五言絶句《ごごんぜっく》

押韻《おういん》…暁《ギョウ》・鳥《チョウ》・少《ショウ》

作品紹介《しょうかい》

作者の**孟浩然《もうこうねん》**は盛唐《せいとう》の詩人。科挙《かきょ》（＝役人になるための試験）を何度も受けたが合格できず、生涯《しょうがい》仕官することができなかった。**自然の美しさをうたった、わかりやすい詩**が特徴《とくちょう》である。

七五五年
唐(中国)にて
あんなに取り立ててやったのに!
玄宗《げんそう》皇帝
楊貴妃《ようきひ》
かかれー!!
安禄山《あんろくざん》
皇帝《こうてい》が妃《きさき》を愛するあまり政治を疎《おろそ》かにしてしまい
反乱が起こった
その翌年
役人であった杜甫《とほ》は逆賊《ぎゃくぞく》に捕《つか》まり
ぐぬぬ
杜甫
首都にある長安城に軟禁《なんきん》されてしまった
そして七五七年春――
長安は内乱で荒《あ》れ果てているが
山や河《かわ》は昔のままだ
←捕まったけど城内では割と自由だった
春になって草木が芽吹《めぶ》き花も咲《さ》き乱れていて美しい
でもこの時勢を思うと涙《なみだ》が出てくる

離《はな》れ離《ばな》れになった
妻や子を思うと
鳥の声を聞いても
心が痛む
ピュー
ピュー
戦いは三か月も
続いているな
ごそ
ごそ
滅多《めった》に届かない
家族からの手紙は
カリカリ
万金に値するよ
あ…
パラッ
髪《かみ》が薄《うす》くなって
きているな
ハァ…
これじゃ もう冠《かんむり》を
とめるかんざしを
させないや
その後 杜甫は城を脱出《だっしゅつ》するが
不遇《ふぐう》の人生を送る
社会を見つめ
感情・自然を細やかに
描《えが》いた詩を残した彼は
「詩聖《しせい》」と称《しょう》された

春《しゅん》望《ばう》　杜《と》甫《ほ》

国*破レテ山《さん》河《が》在リ　城*《しろ》春ニシテ草《さう》木《もく》深シ
感ジテハレ時ニ花ニモ濺《そそ》ギレ涙《なみだ》ヲ　恨《うら》ンデハレ別レヲ鳥ニモ驚《おどろ》カスレ心ヲ
烽*《ほう》火《くわ》連ナリ二三*《さん》月《げつ》ニ一　家*《か》書《しょ》抵《あた》ル二万《ばん》金《きん》ニ一
白《はく》頭《とう》掻《か》ケバ更《さら》ニ短ク　渾《すべ》テ欲スレ不《ざ》ラントレ勝《た》ヘレ簪*《しん》ニ

*国…唐《とう》の都・長安《ちょうあん》。　*城…長安の都市。
*烽火…戦いや緊急《きんきゅう》時に合図のために上げる煙《けむり》。のろし。
*三月…三か月。長い間。　*家書…家族からの手紙。
*簪…かんざし。男性は結《ゆ》ったまげにかんざしをさして、冠《かんむり》をかぶった。

書き下し文

春望　杜甫

国破れて山河在り　城春にして草木深し
時に感じては花にも涙を濺ぎ　別れを恨んでは鳥にも心を驚かす

読解のポイント

当時の唐は、戦乱で都の長安が破壊《はかい》されていたの。そんな中で杜甫は、家族と離《はな》れて暮らさなければならない悲しみを詩で表したよ。

「国破れて山河在り……」って『おくの細道《ほそみち》』（→100ページ）で出てきたような……。

そう！　松《まつ》尾《お》芭《ば》蕉《しょう》がこの「春望《しゅんぼう》」を引用しているよ。

人が造った長安の都は戦いで荒《あ》れ果てても、自然は変

現代語訳は148ページ

烽火三月に連なり　家書万金に抵る
白頭掻けば更に短く　渾て簪に勝へざらんと欲す

わらずに美しいってことか。このありさまを、芭蕉は平《ひら》泉《いずみ》と重ね合わせたんだね。

覚えておきたい語句

抵…**相当する**
勝…**耐《た》える・こらえる**

おさえておきたい文法

返読文字（↓113ページ）
欲不勝…持ちこたえられなくなろうとしている
欲不勝…持ちこたえられなくなろうとしている

漢詩の形式

五言律詩《ごごんりっし》
押韻《おういん》…深《シン》・心《シン》・金《キン》・簪《シン》
対句《ついく》…第一句と第二句・第三句と第四句・第五句と第六句

作品紹介《しょうかい》

作者の**杜甫**は盛唐《せいとう》の詩人。戦乱の中で流浪《るろう》の生活を送り、**人生や社会の厳しさ**をうたって「**詩聖《しせい》**」と呼ばれた。
「春望」は、内乱が続く長安のありさまと自然の美しさを対比しつつ、離れ離れの家族に思いをはせた詩である。

「詩仙《しせん》」と称《しょう》された唐《とう》の詩人 李白《りはく》
彼は若かりしころ役人になる夢を持っていた
しかし—
李白（20代）
※商人の子だから科挙（役人になるための試験）を受けられないだと!!
※諸説あり
だが諦《あきら》めるわけにはいかない！
ぐぬぬ
こうなったら…
コネで役人になるぞ〜！
うえええい♪
いっぱい友達作って酒飲んで詩を作って酒飲んで酒（以下略）
そして25歳《さい》のころ人脈を広めるべく放浪《ほうろう》の旅に出た
そこで詩人 孟浩然《もうこうねん》とも仲良くなる
うぇーい

しかし出会いもあれば
別れもあるわけで
―黄鶴楼《こうかくろう》にて―
あーあ
孟浩然さんがついに揚州《ようしゅう》へ…
おーい!
春霞《はるがすみ》が綺麗《きれい》だな
あ、なんか舟の帆《ほ》が空に飲み込《こ》まれていくみたい…
消えちゃった
フッ
あとには長江の流れが広がるばかりだ

04 漢詩③ 黄鶴楼にて孟浩然の広陵に之くを送る

現代語訳は149ページ

*黄《くわう》鶴《かく》楼《ろう》ニテ送ル三孟《まう》浩《かう》然《ねん》ノ之《ゆ》クヲ二*広《くわう》陵《りょう》ニ一　李《り》白《はく》

故人西ノカタ辞シ二黄鶴楼ヲ一
*煙《えん》花《くわ》三《さん》月《ぐわつ》下ル二*揚《やう》州《しう》ニ一
孤《こ》帆《はん》ノ遠影碧《へき》空《くう》ニ尽《つ》キ
惟《ただ》見ル*長《ちやう》江《かう》ノ天《てん》際《さい》ニ流ルルヲ

*黄鶴楼…中国湖北省《ちゅうごくこほくしょう》にあった高楼《こうろう》。長江を臨んで建てられていた。
*広陵・揚州…揚州は中国江蘇省《こうそしょう》南西部に位置し、古くは広陵といった。
*煙花…かすみがかかり、花が咲《さ》く春の景色。
*長江…中国最長の大河《たいが》。揚子江《ようすこう》ともいう。

書き下し文

黄鶴楼にて孟浩然の広陵に之くを送る　李白

読解のポイント

漢文に出てくる「故人」という言葉は要チェック！

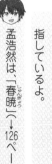

「故人」って「亡《な》くなった人」じゃないの？

と思いがちだけど、漢文では「昔なじみの友人」という意味だから、絶対に覚えておいて！「黄鶴楼《こうかくろう》にて孟浩然《もうこうねん》の広陵《こうりょう》に之《ゆ》くを送る」では、孟浩然のことを指しているよ。

孟浩然は、「春暁《しゅんぎょう》」（→126ページ）の作者だよね。二人は

故人西のかた黄鶴楼を辞し
煙花三月揚州に下る
孤帆の遠影碧空に尽き
惟見る長江の天際に流るるを

友達だったのか！
李白は十二歳《さい》年上の孟浩然を尊敬していたそうよ。

覚えておきたい語句

故人…昔なじみの友
尽…なくなる
惟…ただ～だけ

漢詩の形式

七言絶句《しちごんぜっく》
押韻《おういん》…楼《ロウ》・州《シュウ》・流《リュウ》
表現技法…倒置《とうち》
↓惟見長江天際流
※「惟見」と「長江天際流」が倒置になっている。

作品紹介《しょうかい》

作者の**李白**は盛唐《せいとう》の詩人。豊かな文才を持つ一方で剣術も好み、一生を放浪《ほうろう》の旅に過ごした。豪放《ごうほう》な人柄《ひとがら》で酒を好んだといわれ、「**詩仙《しせん》**」と呼ばれる。杜甫《とほ》（↓130ページ）と並び称《しょう》された。

「黄鶴楼にて……」は、旅立つ友人・孟浩然との別れを惜しむ思いをうたった詩。

わしは孔子《こうし》！
中国の春秋《しゅんじゅう》時代の思想家じゃ
徳《とく》治《ち》主義じゃ
みんなが礼儀《れいぎ》を尽《つ》くして他人を愛するような社会を作ろうとあちこち説いてまわったぞ
パアアアアッ
弟子は三千人ほどおったかの
くるっ
なぁ 子貢《しこう》？
はい
先生は我々に生きるうえで大切なことを教えてくださいました
たとえば
学んだことが身に付くのはなんとも喜ばしいし
共に学べる仲間がいる
同じ志を持つ友が遠くから来て学問について共に語り合うのは楽しいぞ
これですね！
塾《じゅく》の宣伝《せんでん》みたいになっとらんか？
こんなだった？
生徒募集《ぼしゅう》中
満足度No.1!

あと 先生は理想が高すぎて いろんな国の偉《えら》い人から 追い出されたりしましたけど
人が自分を理解して くれなくても
不満を抱《いだ》かない のが本当に立派な人間 なのではないか？
とおっしゃい ました
この回想は いったい…？
↖身長216cm(??)
そ・れ・か・ら こんなことも おっしゃいましたよね
人が一生実行 すべきことを ズバリ一言で！
思いやり！
されたらヤなことは 人にするな
それも 言ったけど…
んん？
なんかさっきから 思い出補正《ほせい》しとらんか？
というわけで
ハァ
ハァ
先生の言葉や行動を 弟子でまとめたから みんな読んでね！
そういや口達者で商売上手な ことで有名じゃったな おまえ
論語

[1]

子《し》曰《いはク》、「学《ビテ》而時《ニ》習《フ》之《これヲ》、不《ず》亦《また》説《よろこバシカラ》乎《や》。有《リ》朋《とも》自《より》遠方来《きたル》、不亦楽《シカラ》乎。人不知《ラ》而不慍《うらミ》、不亦君《くん》子《ナラ》乎《ト》。」

*時…折にふれて。機会があるたび。
*習…繰《く》り返し練習する。反復して学ぶ。
*説…喜ぶ。
*慍…不平不満をもつ。

書き下し文

子曰く、「学びて時に之を習ふ、亦説ばしからずや。朋遠方より来る有り、亦楽しからずや。人知らずして慍みず、亦君子ならずや。」と。

[2]

子《し》貢《こう》問《ヒテ》曰《ク》、「有《リ》一《いち》言《げんニシテ》而可《ベキ》以《もつテ》終身行《フ》之《これヲ》者乎《ト》。」子曰《ク》、「其《そレ》恕《じょ》乎《か》。己《おのれノ》所《ハ》不《ざル》欲《セ》、勿《なカレ》施《ほどこスコト》於人《ニ》。」

*子貢…孔子《こうし》の弟子《でし》。
*終身…一生涯《いっしょうがい》。
*恕…思いやり。

読解のポイント

そもそも孔子って何をした人なの？

孔子の生きた春秋《しゅんじゅう》時代は戦乱の時代だったの。孔子はそんな世の中を、伝統的なきまりごとに基づき、思いやりの心を持って治めていくべきだと考え、この考え方を取り入れてくれる君主を求めたんだよ。

誰《だれ》か採用してくれたの？

それがなかなかうまくいかなくてね……。一度は地位

現代語訳は149ページ

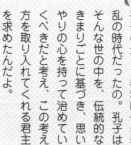

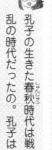

書き下し文

子貢問ひて曰く、「一言にして以て終身之を行ふべき者有りや。」と。子曰く、「其れ恕か。己の欲せざる所は、人に施すこと勿かれ。」と。

を得たんだけど失脚《しっきゃく》してしまい、その後は政治に関わることはなかったの。代わりに、弟子たちの教育に力を傾《かたむ》けたんだよ。

覚えておきたい語句

子…**男性に尊敬を表すときの呼び方・先生**
※『論語』では孔子のことを指す。

不亦～乎…**なんと～ではないか**

朋…**友人**

君子…**徳が高く、人柄《ひとがら》の立派な優《すぐ》れた人物**

以…**～で・～によって**

己…**自分**

おさえておきたい文法

置き字（→113ページ）
学而時習之・勿施於人

返読文字（→113ページ）
自遠方…遠方から
人不知／所不欲…人が認めない／してほしくないことは
可以終身行之…一生涯《いっしょうがい》かけて行うのがよい
勿施於人…人にするな

作品紹介《しょうかい》

「論語《ろんご》」は紀元前五〇〇年ごろを生きた思想家・**孔子**の言動や弟子たちとの問答などを記録した書物。孔子の死から百年ほどあとに編纂《へんさん》されたといわれ、「仁《じん》」（＝人間としての愛情）を重んじる孔子の思想が説かれている。日本にも二八五年には伝えられ、大きな影響《えいきょう》を与《あた》えた。

や〜えちゃんっ!
ニヤ ニヤ
ん?
どうしたの?
ずいぶんご機嫌《きげん》――
バーン
じゃーん!
古典テスト 大宮 茜 86点
古典テスト 加持大和 75点
どうだ!
ふ…二人が すくすくと立派な 古典マスターに育ってる…
ようこそ こちら側の世界へー!
うるっ
えっ まさかの反応…

だって最初 苦手バリア全開だったじゃん特に大和君
ずずずっ
うっ
あのときはもうホントどうしたらいいかわからなかったし…
でも
ちゃんと古典を勉強したら結構身近に感じることも多くて楽しかったな
うん うん
それに二人がいたおかげで頑張《がんば》れた
ありがとう
さぁ～てじゃあ今日はお祝いしましょうか！
やったぁ！

古文

44ページ 物語① 竹取物語《たけとり》 ―かぐや姫《ひめ》の生《お》ひ立ち―

今となっては昔のことだが、竹取の翁《おきな》という者がいた。野山に分け入って竹を取っては、さまざまなことに使っていた。（翁の）名を、さぬきのみやつこといった。（翁がいつも取る）その竹の中に、根元の光る竹が一本あった。（翁が）不思議に思って近寄ってみると、竹筒《たけづつ》の中が光っている。その光る竹筒の中を見ると、身の丈《たけ》が三寸ほどの人が、とてもかわいらしい様子で座っていた。

翁が言うには、「私が毎日朝に夕に見る竹の中にいらっしゃるから、（あなたのことを）知ったのだ。（私の）子におなりになるはずの人であるようだ」と言って、手のひらに入れて、家へ連れて来た。妻である嫗《おうな》に任せて育てさせる。（三寸ほどの人は）かわいらしいこと、このうえない。たいそう幼いので、籠《かご》に入れて育てる。

50ページ 物語② 平家《へいけ》物語 ―敦盛《あつもり》の最期《さいご》―

（熊谷《くまがい》が）「いったいどのような方でいらっしゃいますか。お名のりになってください。お助け申し上げよう」と申し上げると、（敦盛《あつもり》が）「おまえは誰《だれ》だ」とお問いになる。（熊谷は）「大した者ではございませんが、武蔵国《むさしのくに》の住人、熊谷《くまがい》次郎《じろう》直実《なおざね》」と名のり申し上げる。（敦盛は）「それならば、おまえに対しては名のるまいぞ。おまえのためにはよい敵《かたき》だ。名のらなくとも首を取って人に尋《たず》ねよ。（私の顔を）見知っている者がいるだろう」とおっしゃった。〈中略〉熊谷が涙《なみだ》を抑《おさ》えて申したことには、「助け申し上げようとは存じますが、味方の軍兵が雲やかすみのように多くおります。決してお逃《に》げにはなれないでしょう。ほかの者の手にかけ申し上げるより、同じことなら直実の手にかけ申し上げて、死後のご供養《くよう》をいたしましょう」と申し上げると、（敦盛は）「ただ、さっさと首を取れ」とおっしゃった。

56ページ　随筆《ずいひつ》 ① 枕草子《まくらのそうし》 ―雪のいと高《たか》う降りたるを―

　雪がたいそう高く降り積もっているのを、いつもと違《ちが》って御格子《みこうし》をお下げ申し上げて、炭櫃《すびつ》に火をおこして、(女房《にょうぼう》たちが)おしゃべりなどして集まってお仕え申し上げていると、(中宮定子《ちゅうぐうていし》様が)「少納言《しょうなごん》よ。香炉峰《こうろほう》の雪はどうであろう」とおっしゃるので、(私は女官《にょかん》に)御格子を上げさせて、御簾《みす》を高く巻き上げると、(定子様は)お笑いになる。ほかの人々も「そのような詩句のことは知っていて、歌にまでも詠《よ》み込《こ》むけれど、思いもよらなかった。(あなたは)やはり、この宮に仕えるのにふさわしい人なのでしょう」と言う。

62ページ　随筆 ② 徒然草《つれづれぐさ》 ―或人《あるひと》、弓射《い》る事を習ふに―

　ある人が、弓を射ることを習うときに、二本の矢を手に挟《はさ》んで持って的に向かった。弓の師匠《ししょう》が言うには、「初心者は、二本の矢を持ってはならない。あとの矢をあてにして、はじめの矢をおろそかにする心があるからだ。毎回ただ失敗なく、この一本の矢で決めようと思え」と言う。(弓を習う者は)わずか二本の矢を、師匠の前でその一本をおろそかにしようと思うだろうか。怠《なま》け心というものは、自分では気づかなくても、師匠はこれに気づくのだ。この教訓は、全てのことに通じるはずだ。

　道を学ぶ人は、夕方には翌朝《よくあさ》があるだろうことを思い、朝には夕方があるだろうことを思って、改めて熱心に修行をしようということを心積もりする。まして、ほんの一瞬《いっしゅん》の間において、怠け心があることに気づくだろうか。どうして現在の一瞬において、すべきことをすぐに実行することが非常に難しいのだろうか。

66ページ 随筆③ 方丈記《ほうじょうき》 ―ゆく河《かは》の流れ―

川の流れは途切《とぎ》れることなく、それでいて、流れる水は、もとの水ではない。よどみに浮《う》かぶ水の泡《あわ》は、あそこで消え、またこちらでは現れて、長い間とどまることはない。世間の人々と、その住まいも、やはりこのようである。玉を敷《し》き詰《つ》めたように美しい都の中に棟《むね》を並べ、屋根の高さを競い合う高い身分の人や、低い身分の人の住まいは、長い時を経てもなくならないようだけれど、このことが本当かと調べてみると、昔から建っていた家はめったにない。ある家は去年焼けて、今年建てた。ある家は大きな家がなくなって小さな家となった。住む人もこれらの家と同じである。〈中略〉(私には)わからない、生まれ死んでいく人々がどこから来て、どこへ去っていくのかを。また(これも)わからない、一時的な現世の住まいについて、誰《だれ》のために思い悩《なや》み、何によって目を楽しませるのかを。その家の主人と住まいとが先を争うように消えていくありさまは、言うなれば、朝顔の(花とその上に置いた)露《つゆ》(がどちらともなく消えていくの)と同じことだ。

70ページ 説話 宇治拾遺《うじしゅうい》物語 ―児《ちご》のそら寝《ね》―

この児が、「きっと起こしてくれるだろう」と待っていると、僧《そう》が、「もしもし。お起きなさい」と言うのを、(児は)うれしいとは思ったけれども、「ただ一度で返事をするのも、(ぼた餅《もち》ができるのを)待っていたのかと思われると困る」と思って、「もう一度呼ばれてから返事をしよう」と我慢《がまん》して寝ていると、「おや、お起こし申し上げるな。幼い人は寝入ってしまわれたのだ」という(僧の)声がしたので、(児は)ああ困ったと思って、「もう一度起こしてくれよ」と期待しながら寝て聞いていると、(僧たちが)むしゃむしゃとただ食べに食べている音がしたので、(見は)どうしようもなくて、ずいぶん時間がたってから、「はい」と返事をしたので、僧たちはこのうえなく大笑いしたのだった。

74ページ 日記 **土佐日記《とさにっき》 ―門出《かどで》―**

男も書くという日記というものを、女(である私)も書いてみようと思って書くのである。

ある年の十二月二十一日の、午後八時ごろに出発する。その旅のことを、ほんの少し書き記す。

ある人が、国司《こくし》としての四、五年の任期が終わって、きまりとなっている後任への引き継《つ》ぎも全部終わり、解由状《げゆじょう》などを受け取って、住んでいた官舎から出て船に乗るはずの所へ移る。あの人この人、知っている人も知らない人も見送りをする。数年来とても親しく付き合ってきた人々は別れがたく思って、一日中あれこれとしながら、騒《さわ》ぎ立てるうちに、夜が更《ふ》けてしまった。

二十二日に、和泉国《いずみのくに》までは無事に行けますようにと願を立てた。藤原《ふじわら》のときざねが、船路ではあるが、馬のはなむけ(=送別の宴会《えんかい》)をする。上中下(の身分の区別なく)、酔《よ》っぱらって、とても不思議なことに、腐《くさ》るはずのない海のほとりでふざけあっている。

84ページ **万葉集《まんようしゅう》**

春が過ぎて夏が来たらしい。夏になると真っ白な衣《ころも》を干すという天《あま》の香具山《かぐやま》にその衣が干してあるのを見ると。

持統天皇《じとうてんのう》

東の方の野に明け方の光が差すのが見えて、振《ふ》り返って見ると、月は傾《かたむ》き沈《しず》んでいこうとしている。

柿本人麻呂《かきのもとのひとまろ》

銀も金も宝玉もどうして子どもという宝に及《およ》ぶだろうか。いや、及ばない。

山上憶良《やまのうえのおくら》

田子《たご》の浦《うら》を通ってちょいと出て見ると、真っ白に、富士《ふじ》の高嶺《たかね》に雪が降っているよ。

山部赤人《やまべのあかひと》

新しい年の初めの正月の今日降る雪のように、ますます積もれ、よい事よ。

大伴家持《おおとものやかもち》

88ページ 古今《こきん》和歌集

まだ年も明けないうちに、立春がやって来たよ。この一年を去年と言おうか、今年と言おうか。

在原元方《ありわらのもとかた》

夏には袖《そで》を濡《ぬ》らして手ですくった水が冬の間凍《こお》っていたのを、立春を迎《むか》えた今日の風が解かしているだろうか。

紀貫之《きのつらゆき》

春の夜の闇《やみ》はわけがわからない。闇に咲《さ》く梅の花の色は見えないけれど、香りのほうは隠《かく》れてしまうだろうか。いや、闇の中でも梅の香は確かにただよってくる。

凡河内躬恒《おおしこうちのみつね》

秋が来たと、目にははっきりとは見えないけれど、風の音に秋の気配をはっと気づかされたことだ。

藤原敏行《ふじわらのとしゆき》

あの人のことを思いながら寝《ね》たから、あの人が夢に現れたのだろうか。夢とわかっていたならば、目を覚まさなかったのに。

小野小町《おののこまち》

92ページ 新古今《しんこきん》和歌集

山が深いので、春が来たともわからない粗末《そまつ》な松の戸に、途切《とぎ》れ途切れに落ちかかる雪解けの水の美しいしずくよ。

式子内親王《しょくしないしんのう》

見渡すと山の麓《ふもと》はかすみ、そこを流れる水無瀬川《みなせがわ》。夕暮れの風情《ふぜい》は秋が優《すぐ》れていると、どうして思っていたのだろう。（春の風情もよいものだ。）　後鳥羽上皇《ごとばじょうこう》

しみじみと昔のことを思い返す草ぶきの住まいに降る夜の雨に、切ない鳴き声を響《ひび》かせて、これ以上涙《なみだ》を添《そ》えてくれるな。ホトトギスよ。　藤原俊成《ふじわらのとしなり》

寂《さび》しさは、どの色のせいだということはないのだなあ。杉《すぎ》やひのきの茂《しげ》る山の秋の夕暮れよ。（何がということもなく、ただただ寂しいのだ。）　寂蓮《じゃくれん》

見渡すと春の桜も秋の紅葉《もみじ》もないのだなあ。海辺の苫葺《とまぶき》の小屋だけが見える秋の夕暮れよ。　藤原定家《ふじわらのさだいえ》

100ページ　おくの細道《ほそみち》 ―夏草―

奥州藤原《おうしゅうふじわら》氏三代の栄華《えいが》も、長い歴史の中では一瞬《いっしゅん》のもので、（平泉館《ひらいずみのたち》の）大門の跡《あと》は一里ほどこちらにある。秀衡《ひでひら》の館の跡は田や野原になって、金鶏山《きんけいざん》だけがかつての形を残している。まず義経《よしつね》の館があった高舘《たかだち》に登ると見える北上川《きたかみがわ》は、南部《なんぶ》地方から流れる大河である。衣川《ころもがわ》は和泉《いずみ》が城《じょう》の周りを巡《めぐ》って、高舘の下で北上川に流れ込《こ》んでいる。泰衡《やすひら》一族の旧跡《きゅうせき》は、衣《ころも》が関《せき》という関所を間に隔《へだ》て南部地方との出入口の守りを堅《かた》め、蝦夷《えぞ》の侵入《しんにゅう》を防いでいたように見えている。それにしても忠義の臣下をえりぬいてこの城にこもり、勇敢《ゆうかん》に戦ったその功名も一時のことで、その跡は草むらとなっている。「国破れて山河《さんが》あり、城春にして草青みたり」と（杜甫《とほ》の名詩を思い浮《う》かべ）、笠《かさ》を敷《し》いて、時が過ぎるまで涙《なみだ》を落としたのでした。

一面の夏草よ。かつてこの地では、武士たち

が戦いを繰《く》り広げたが、それは一時の夢のようにはかない出来事で、今はその跡が残るばかり。

ウツギの白い花は、白髪《しらが》を振《ふ》り乱して戦ったという老武士兼房《かねふさ》の姿を思わせるよ。　曾良《そら》

漢文

120ページ　故事成語　漁夫《ぎょふ》の利

今私がこちらに参上するときに、易水《えきすい》を通りました。ちょうどそのとき、どぶ貝が出てきて日に当たっていました。すると、シギがどぶ貝の肉をついばみました。どぶ貝は貝殻《かいがら》を閉じて、シギのくちばしを挟《はさ》みました。シギが言うには、「今日雨が降らず、明日も雨が降らなければ、たちまち死んだどぶ貝ができるぞ」と。どぶ貝もまたシギに言うには、「今日この貝殻から出られず、明日も出られなければ、たちまち死んだシギができるぞ」と。両者とも、互《たが》いを離《はな》そうとしませんでした。(そこにやって来た)漁師が両方とも一緒《いっしょ》に捕《つか》まえてしまったのでした。

126ページ　漢詩①　春暁《しゅんぎょう》

春暁　孟浩然《もうこうねん》

春の夜の眠《ねむ》りはあまりにも気持ちがよくて、夜が明けたのも気が付かなかった。
あちこちで鳥がさえずっている。
昨夜は風雨の音がしていたが
花はどれくらい散っただろうか(ずいぶん散ってしまっただろう)。

130ページ　漢詩②　春望《しゅんぼう》

春望　杜甫《とほ》

唐《とう》の都である長安《ちょうあん》は破壊《はかい》されたが、山や河《かわ》はもと

のまま変わらずにある。長安の城下に春が来て、草木が生《お》い茂《しげ》っている。

戦乱の時勢を感じては、花を見ても涙《なみだ》がこぼれ、家族との別れを恨《うら》めしく思っては、鳥にも心を騒《さわ》がせる。

戦いののろしは三か月も続き、家族からの手紙は万金《ばんきん》にも値《あたい》する。

(悲しみに)白髪《しらが》頭をかきむしればますます短くなり、もはやかんざしもさせなくなろうとしている。

134ページ　漢詩③　黄鶴楼《こうかくろう》にて孟浩然の広陵《こうりょう》に之《ゆ》くを送る

黄鶴楼で孟浩然が広陵へ行くのを送る　李白《りはく》

古くからの友は、西にある黄鶴楼に別れを告げ、
春がすみに煙《けむ》る三月、揚州《ようしゅう》へ下っていく。
遠くにぽつんと浮《う》かんだ舟《ふね》の帆《ほ》の影《かげ》は青空のかなたへ消えていき、
ただ長江《ちょうこう》が空の果てへと流れゆくのを見るばかりだ。

138ページ　論語《ろんご》

1　先生がおっしゃるには、「学んだことを折にふれて繰《く》り返し復習してそれが身に付くのは、なんと喜ばしいことではないか。(志を同じくする)友が遠方よりやって来る(、そして学問について語り合う)のは、また楽しいことではないか。人が自分を認めてくれなくても不平不満を抱《いだ》かない、なんと徳の高い立派な人物ではないか。」と。

2　子貢《しこう》が質問して言うことには、「一《いっ》言で、一生涯《しょうがい》をかけて実行するのがよいと言えることはあるでしょうか。」と。先生がおっしゃるには、「それは思いやりだね。自分がしてほしくないと思うことは、他人にしてはいけない。」と。

動詞・形容詞・形容動詞の活用表

①動詞

四段活用

活用語尾の変化の仕方　a・i・u・u・e・e

基本形	行	語幹	未然形	連用形	終止形	連体形	已然形	命令形
思ふ	ハ	おも	は	ひ	ふ	ふ	へ	へ
主な続き方			ず	たり	—。	とき	ども	—。

上一段活用

活用語尾の変化の仕方　i・i・iる・iる・iれ・iよ

基本形	行	語幹	未然形	連用形	終止形	連体形	已然形	命令形
見る	マ	(み)	み	み	みる	みる	みれ	みよ
主な続き方			ず	たり	—。	とき	ども	—。

上二段活用

活用語尾の変化の仕方　i・i・u・uる・uれ・iよ

基本形	行	語幹	未然形	連用形	終止形	連体形	已然形	命令形
過ぐ	ガ	す	ぎ	ぎ	ぐ	ぐる	ぐれ	ぎよ
主な続き方			ず	たり	—。	とき	ども	—。

下一段活用

活用語尾の変化の仕方　e・e・eる・eる・eれ・eよ

基本形	行	語幹	未然形	連用形	終止形	連体形	已然形	命令形
蹴る	カ	(け)	け	け	ける	ける	けれ	けよ
主な続き方			ず	たり	—。	とき	ども	—。

下二段活用

活用語尾の変化の仕方　e・e・u・uる・uれ・eよ

基本形	行	語幹	未然形	連用形	終止形	連体形	已然形	命令形
受く	カ	う	け	け	く	くる	くれ	けよ
主な続き方			ず	たり	—。	とき	ども	—。

カ行変格活用(カ変)

基本形	行	語幹	未然形	連用形	終止形	連体形	已然形	命令形
来	カ	(く)	こ	き	く	くる	くれ	こ こよ
主な続き方			ず	たり	—。	とき	ども	—。

サ行変格活用（サ変）

基本形	行	語幹	未然形	連用形	終止形	連体形	已然形	命令形
す	サ	（す）	せ	し	す	する	すれ	せよ
主な続き方			ず	たり	―。	とき	ども	―。

ナ行変格活用（ナ変）

基本形	行	語幹	未然形	連用形	終止形	連体形	已然形	命令形
死ぬ	ナ	し	な	に	ぬ	ぬる	ぬれ	ね
主な続き方			ず	たり	―。	とき	ども	―。

ラ行変格活用（ラ変）

基本形	行	語幹	未然形	連用形	終止形	連体形	已然形	命令形
あり	ラ	あ	ら	り	り	る	れ	れ
主な続き方			ず	たり	―。	とき	ども	―。

下一段↓蹴《け》る／カ変↓来《く》
サ変↓す・おはす
ナ変↓死ぬ・往《い》(去)ぬ
ラ変↓あり・をり・はべり・いまそかり
(いまそがり・いますがり) だけだよ。

②形容詞

活用の種類	基本形	語幹	未然形	連用形	終止形	連体形	已然形	命令形
ク活用	高し	高	（く） から	く かり	し ○	き かる	けれ ○	○ かれ
シク活用	美し	美	（しく） しから	しく しかり	し ○	しき しかる	しけれ ○	○ しかれ
主な続き方			ず ば	なる けり	―。	とき	ども	―。

③形容動詞

活用の種類	基本形	語幹	未然形	連用形	終止形	連体形	已然形	命令形
ナリ活用	静かなり	静か	なら	なり に	なり	なる	なれ	なれ
タリ活用	堂々たり	堂々	たら	たり と	たり	たる	たれ	たれ
主な続き方			ず ば	なる けり	―。	とき	ども	―。

形容詞の活用の種類を見分けるときは、
語のあとに「なる」をつけてみよう。
「…くなる」となればク活用、
「…しくなる」となればシク活用だよ。

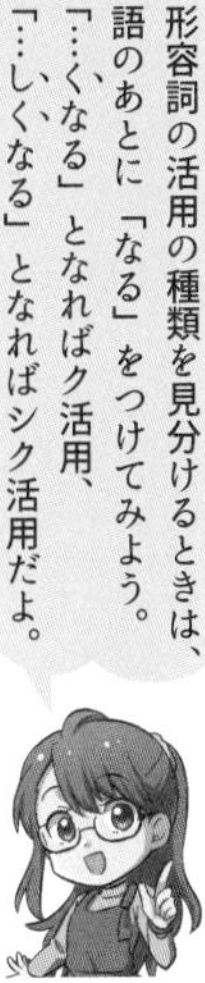

よく出る助動詞・助詞

①助動詞

主な助動詞	主な意味(訳例)
る・らる	可能(～できる)　自発(〈自然に〉～れる)　受け身(～れる)　尊敬(お～になる)
す・さす・しむ	使役《しえき》(～させる)　尊敬(お～になる)
き	過去(～た)
けり	過去(～た)　詠嘆《えいたん》(～だなあ)
つ・ぬ	完了《かんりょう》(～た・～てしまった)
たり・り	完了(～た・～てしまった)　存続(～ている・～てある)
ず	打ち消し(～ない)
む(ん) むず(んず)	推量(～だろう)　意志(～う・～よう)　婉曲《えんきょく》(～ようだ)　仮定(～としたら)　適当・勧誘《かんゆう》(～べきだ・～のがよい)
べし	推量(～だろう)　意志(～う・よう)　当然(～はずだ)　可能(～できる)

②助詞

種類	主な助詞	主な意味(訳例)
格助詞《かくじょし》 ※主に体言に付き、あとに続く語とどのような関係にあるかを示す。	が・の	主格(～が)　連体修飾《しゅうしょく》格(～の)　同格(～で)
	を	対象(～を)・起点(～から)
	に	場所・対象・結果(～に)　目的(～のために)　原因・理由(～によって)
接続助詞 ※活用する語に付き、いろいろな関係で前後の語をつなぐ。	ば	順接の仮定条件〈未然形＋ば〉(もし～ならば)　順接の確定条件〈已然《いぜん》形＋ば〉(～ので・～すると)
	と・とも	逆接の仮定条件(たとえ～ても・～としても)
	ど・ども	逆接の確定条件〈已然形＋ども〉
	つつ	反復・継続(～してはまた・ずっと～していて)　動作の並行《へいこう》(～ながら)

らむ（らん）	現在推量（〜ているのだろう） 現在の原因推量（どうして〜のだろう）
けむ（けん）	過去推量（〜ただろう） 過去の原因推量（どうして〜たのだろう）
まし	反実仮想（もし〜ならば…だろうに）
らし	推定（〜らしい）
めり	推定（〜らしい）　婉曲（〜ようだ）
なり	伝聞（〜そうだ）　推定（〜ようだ）
じ	打ち消し推量（〜ないだろう） 打ち消し意志（〜ないつもりだ）
まじ	打ち消し推量（〜ないだろう） 打ち消し意志（〜ないつもりだ） 打ち消し当然（〜はずがない） 不可能（〜できそうもない）
たし・まほし	希望（〜たい）
なり・たり	断定（〜である）
ごとし	比況《ひきょう》（〈まるで〉〜のようだ） 例示（〜ようだ・〜など）

副助詞 ※意味を付け加えたり、述語の意味を限定したりする。	だに	類推（〜さえ） 最低限度の限定（せめて〜だけでも）
	ばかり	限定（〜だけ） 程度（〜ほど・〜くらい）
	し・しも	強意
係助詞 ※意味を付け加える。一部は係り結びによって、文末に影響《えいきょう》を与《あた》える。	ぞ・なむ・こそ	強意
	や（やは）・か（かは）	疑問（〜か） 反語（〜か、いや〜ない）
終助詞 ※文や文節の末《まつ》尾《び》に付き、話し手や書き手の気持ちや態度を示す。	ばや	自己の願望（〜たい）
	そ	禁止（〜してくれるな） ※「な〜そ」の形で禁止を表すことが多い。
間投助詞 ※語調を整え、意味を付け加える。	や・よ	詠嘆《えいたん》（〜だなあ）・呼びかけ（〜よ）
	を	詠嘆（〜だなあ）

枕詞・掛詞・季語

①枕詞《まくらことば》（→80ページ）

主な枕詞	かかる言葉の例
あかねさす	日・昼・紫《むらさき》・君
あしひきの（あしびきの）	山・峰《を》
あづさゆみ	引く・張る・射《い》る・音・末
あらたまの	年・月・日・春
あをによし	奈良
いはばしる	垂水《たるみ》・滝《たき》・近江《あふみ》
からころも	着る・裁《た》つ・袖《そで》・裾《すそ》・紐《ひも》
くさまくら	旅・度・旅寝《たびね》・仮
しろたへの	衣《ころも》・袖・雪
たらちねの	母・親
ちはやぶる	神・宇治《うぢ》
ぬばたまの	黒・闇《やみ》・夜・月・夢・髪《かみ》
ひさかたの	空・光・天・雲・月・日

枕詞がかかる言葉には、意味のつながりがあるものや、音のつながりがあるものが多いよ。

②掛詞《かけことば》（→81ページ）

掛詞の例	表す意味の例
あかし	明石《あかし》・明《あ》かし・赤し
あき	秋・飽《あ》き
あふ	逢《あ》ふ・逢坂《あふさか》・近江
いく	生く・行く
いる	入る・射る
うぢ	憂《う》し・宇治《うぢ》
かる	枯《か》る・離《か》る
たつ	裁《た》つ・立つ・発《た》つ・竜田《たつた》
たび	旅・度
ながめ	長雨・眺《なが》め
はる	張る・春
ふみ	文・踏《ふ》み
ふる	経《ふ》る・降る・古《ふ》る・振《ふ》る
まつ	松・待つ
よ	夜・世・節《よ》
よる	夜・寄る

「節《よ》」というのは、植物の竹やアシなどの茎《くき》の節と節の間のことだよ。

③季語（→96ページ）

	時候・自然	行事・生活	動物	植物
春（陰暦《いんれき》一～三月）	立春・春一番 雪解《ゆきどけ》・雪崩《なだれ》 花冷《はなびえ》・朧月夜《おぼろづきよ》	野焼き・花衣《はなごろも》 花見・雛祭《ひなまつり》 お水取り・種蒔《たねまき》	雲雀《ひばり》・鶯《うぐいす》・山鳥 雉《きじ》・燕《つばめ》・雀《すずめ》の子 蛙《かわず》・蝶《ちょう》	たんぽぽ・若草 椿《つばき》・土筆《つくし》・桜 梅・菜の花
夏（陰暦四～六月）	立夏・麦秋《ばくしゅう》 秋近し・梅雨《つゆ》 五月雨《さみだれ》・夕立	更衣《ころもがえ》・端午《たんご》 団扇《うちわ》・田植《たうえ》 花火・蚊帳《かや》	郭公《かっこう》・時鳥《ほととぎす》・翡翠《かわせみ》 鮎《あゆ》・蝿《はえ》・空蝉《うつせみ》 甲虫《かぶとむし》・蛍《ほたる》・蝸牛《かたつむり》	向日葵《ひまわり》・紫陽花《あじさい》 万緑《ばんりょく》・新緑・若葉 筍《たけのこ》・茄子《なす》・杜若《かきつばた》
秋（陰暦七～九月）	残暑・天高し 天の川・名月 台風・夜長	七夕・月見・盆《ぼん》 新米・紅葉狩《もみじが》り 重陽《ちょうよう》・豊年	啄木鳥《きつつき》・渡《わた》り鳥 鴫《しぎ》・雁《かり》・鹿 松虫・鈴虫《すずむし》・蜻蛉《とんぼ》	糸瓜《へちま》・銀杏《ぎんなん》・菊《きく》 桃《もも》・柿《かき》・稲《いね》・栗《くり》 女郎花《おみなえし》・朝顔
冬（陰暦十～十二月）	立冬・小春 時雨《しぐれ》・山眠《ねむ》る 節分・枯野《かれの》	炬燵《こたつ》・火鉢《ひばち》 焚火《たきび》・餅《もち》 年忘《としわすれ》・雪投《ゆきなげ》	鷲《わし》・鷹《たか》・鴨《かも》 都鳥・水鳥 熊・狐《きつね》・狸《たぬき》	枯葉《かれは》・枯木 葱《ねぎ》・蜜柑《みかん》 大根・枯尾花《かれおばな》

新年
元旦《がんたん》・元日・新年・去年《こぞ》・ 初春・初空《はつぞら》・初日《はつひ》・門松《かどまつ》・ 書初《かきぞめ》・独楽《こま》・双六《すごろく》・雑煮《ぞうに》・ 鏡餅《かがみもち》・初夢・初雀《はつすずめ》・初鶯《はつうぐいす》・ 伊勢海老《いせえび》・福寿草《ふくじゅそう》・若菜

季語の例だよ。
ちなみに、
季節ごとに季語を
分類した本を
「歳時記《さいじき》」という
よ。

①身分を表す用語

■天皇《てんのう》・皇族（天皇の妻は除く）

用語	意味
帝《みかど》・御門《みかど》	天皇。
上皇《じやうくわう》	退位した天皇。
法皇《ほふわう》	出家した上皇《じょうこう》。
東宮《とうぐう》・春宮《とうぐう》	皇太子。また、皇太子の宮殿。

■後宮《こうきゅう》の人々（天皇の妻やその召使い）

用語	意味
皇后《くわうごう》・中宮《ちゆうぐう》	天皇の正妻。中宮は皇后《こうごう》の別称《べっしょう》。一人の天皇に二人の正妻が置かれた場合、先の正妻を「皇后」、あとの正妻を「中宮」と呼ぶ。
女御《にようご》	高位の女官《にょかん》で天皇の妻。皇后・中宮に次ぐ位。
更衣《かうい》	女御に次ぐ女官で天皇の妻。元は天皇の身の回りの世話をする役だった。
女房《にようばう》	宮中や皇族・上流貴族に仕える女性で、自分の部屋（局《つぼね》）を与《あた》えられた上級の女官。

■朝廷《ちょうてい》・貴族に仕[illegible]

用語	意味
上達部《かんだちめ/かんだちべ》	大臣・[illegible]及《およ》び三位《さんみ》以上の上[illegible]
殿上人《てんじやうびと》	主に天[illegible]の「殿上の間《ま》」へ[illegible]位の一部[illegible]四位・五
大殿《おとど》・大臣《おとど》	①貴人や[illegible] ②貴人の邸《てい》[illegible]
蔵人《くらうど》	天皇のそば[illegible]を行う秘《ひ》書《しょ》。長官は[illegible]（頭）」と呼び、近衛《このえ》中将と兼任《けんにん》する者を「頭中将《とうのちゅうじょう》」と呼んだ。
舎人《とねり》	天皇・皇族に仕え、雑事・警護をした下級官人。
検非違使《けびゐし》	京都の治安維持《いじ》・裁判を担当する官人。
国司《こくし》	中央から地方に派遣《はけん》され、行政などを行った、貴族の役人。現地で実務にあたった国司の長官は、「受領《ずりやう》」という。

僧侶《そうりょ》

用語	意味
僧都《そうづ》	僧正《そうじやう》に次ぐ僧官(朝廷が僧に与える官職)。
上人《しやうにん》・聖人《しやうにん》	①知識と徳のある優《すぐ》れた僧。②僧の敬称。

②その他の用語

信仰《しんこう》

用語	意味
方違《かたたが》へ	陰陽道《おんみょうどう》で決められた災《わざわ》いのある方角を避《さ》け、一度方角を変えてから目的地に行くこと。
加持《かぢ》	密教《みっきょう》で、災難を除き、願い事の成就《じょうじゅ》や病《びょう》魔《ま》の退散のために行う祈禱《きとう》。
功徳《くどく》	善行《ぜんこう》を積んで得られる徳。
宿世《すくせ》	過去の世。前世からの因縁《いんねん》。
物忌《ものい》み	陰陽道で凶日《きょうじつ》を避け、身を清めて家にこもること。
物《もの》の怪《け》	人にとりつき、たたりをする死霊《しりょう》や生霊《いきりょう》など。

人物

用語	意味
先達《せんだち》《せんだつ》	①その道に達した人。先輩《せんぱい》。②案内人。
稚児《ちご》・児《ちご》	①赤ん坊《ぼう》。②幼児。③寺や武家などで召し使われた少年。
乳母《めのと》	母親に代わり、乳を飲ませて養育する女性。

生活・自然など

用語	意味
遊《あそ》び	管弦《かんげん》を演奏《えんそう》すること。詩歌を詠《よ》むこと。
東風《こち》	春に東から吹《ふ》いてくる風。
文《ふみ》・書《ふみ》	①書物。②手紙。③漢詩。④漢学を中心とした学問。
政《まつりごと》	政治。行政。
行幸《みゆき》《ぎやうがう》	天皇の外出。上皇・法皇・女院《にょいん》〔=天皇の母・后《きさき》・皇女などで、上皇と同等の扱《あつか》いを受けた女性〕に対しては「御幸《みゆき》《ごかう》」が使われる。

漢文の句法

①否定

主な句法	読み	意味
不〈弗〉レ～	～ず	～(し)ない
非ズ〈匪〉レ～ニ	～にあらズ	～(で)ない
無シ〈莫・毋・勿〉レ～	～なシ	～(が)ない
無シレ不ル(ハ)二～セ一	～セざル(ハ)なシ	～しないものはない
無シレ非ザル(ハ)二～ニ一	～ニあらザル(ハ)なシ	～でないものはない
不レ可カラレ不ル二～セ一	～セざルべカラず	必ず～しなければならない
不二常ニハ～セ一	つねニハ～セず	いつも～するとは限らない
不二必ズシモ～セ一	かならズシモ～セず	必ずしも～ではない
常ニ不レ～	つねニ～ず	いつも～しない
必ズ不レ～	かならズ～ず	必ず～しない

②使役

主な句法	読み	意味
使ム二AヲシテBセ一	AヲシテBセしム	AにBさせる
命《めい》ジテレAニB(セ)シム	Aにめいジテ B(セ)シム	Aに命じてBさせる

③受け身

主な句法	読み	意味
見ル二～セ一	～セらル	～される
為ル二Aノ所レトBスル	AノBスルところトなル	AにBされる

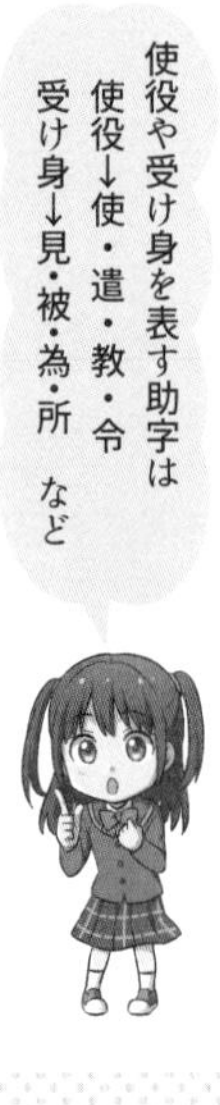
使役や受け身を表す助字は
使役↓使・遣・教・令
受け身↓見・被・為・所　など

④疑問

主な句法	読み	意味
何ゾ～スル〔乎〕	なんゾ～スル〔や・か〕	どうして～か
何ヲカ～スル〔乎〕	なにヲカ～スル〔や・か〕	何を～か
何レノ	いづレノ	いつ・どこで
何ヲ以テ～(スル)	なにヲもっテ～(スル)	どうやって・どうして～(する)のか
～如何セン	～いかんセン	どうしたらよいか
乎(耶・哉・也)	～や・～か	～か

⑤反語

主な句法	読み	意味
何《ゾ》〜《ン》〔乎〕	なんゾ〜ン〔や〕	どうして〜か（いや、〜ない）
何《ヲカ》〜《ン》〔乎〕	なにヲカ〜ン〔や〕	何を〜か（いや、〜ない）
誰《カ・ヲカ》〜《ン》〔乎〕	たれカ・たれヲカ〜ン〔や〕	誰が・誰を〜だろうか（いや、〜ではない）
何為《レゾ》〜《ン》〔乎〕	なんすレゾ〜ン〔や〕	どうして〜か（いや、〜しない）
豈《ニ》〜《（セ）ン》〔哉〕	あニ〜（セ）ン〔や〕	どうして〜か（いや、〜ない）
安《クンゾ》〜《（セ）ン》〔哉〕	いづクンゾ〜（セ）ン〔や〕	どうして〜か（いや、〜ない）

反語では、疑問の形を使って、言いたいことを強調しているよ。

⑥比較《ひかく》

主な句法	読み	意味
莫《シ》レB《（ナル）ハ》二於A《ヨリ》一	AヨリB（ナル）ハなシ	AよりBなものはない（Aが最もBだ）
A《ハ》不レ如《カ》レB《ニ》	AハBニしカず	AはBに及《およ》ばない

⑦限定

主な句法	読み	意味
唯《ダ》〈直・惟〉〜《ノミ》	たダ〜ノミ	ただ〜だけ（だ）
独《リ》〜《ノミ》	ひとリ〜ノミ	ただ〜だけ（だ）
〜耳	〜のみ	〜だけ（だ）

⑧願望

主な句法	読み	意味
願《ハクハ》〜《セン／セヨ》	ねがハクハ〜セン／セヨ	どうか〜させてください／してください
請《フ》〜《セン／セヨ》	こフ〜セン／セヨ	どうか〜させてください／してください

句法は、文章を組み立てるときの言葉のきまりだよ。句法を理解しておくと、漢文の内容が読み取りやすくなるよ！

装丁デザイン　ブックデザイン研究所
本文デザイン　京田クリエーション　ユニックス
図　版　デザインスタジオエキス.
イラスト・マンガ　ユニックス

写真所蔵・提供
国立歴史民俗博物館　三の丸尚蔵館　二階堂美術館
日本古典籍データセット（国文学研究資料館蔵／ROIS-DS 人文学オープンデータ共同利用センター提供＜http://codh.rois.ac.jp＞）
ピクスタ

〈敬称略・五十音順〉

本書に関する最新情報は，小社ホームページにある**本書の「サポート情報」**をご覧ください。（開設していない場合もございます。）
なお，この本の内容についての責任は小社にあり，内容に関するご質問は直接小社におよせください。

中学 100% 丸暗記 古文・漢文

編著者　中学教育研究会　発行所　受験研究社

発行者　岡　本　明　剛　©株式会社　増進堂・受験研究社

〒550-0013 大阪市西区新町2―19―15
注文・不良品などについて：(06)6532-1581(代表)／本の内容について：(06)6532-1586(編集)

Printed in Japan　寿印刷・高廣製本
落丁・乱丁本はお取り替えします。